L. MASSON

Pauline-Marie Jaricot

Librairie Générale Catholique et Classique

Emmanuel Vitte, Éditeur, Lyon

PAULINE-MARIE JARICOT

PAULINE-MARIE JARICOT
à l'âge de 32 ans

L. MASSON

Pauline-Marie Jaricot

LYON
LIBRAIRIE GÉNÉRALE CATHOLIQUE ET CLASSIQUE
EMMANUEL VITTE, DIRECTEUR
Imprimeur-libraire de l'Archevêché et des Facultés catholiques.
3, PLACE BELLECOUR, ET RUE DE LA QUARANTAINE, 18

1899

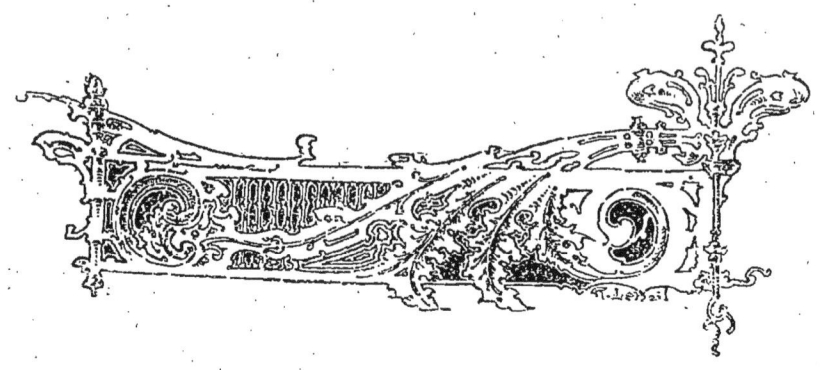

INTRODUCTION

AULINE-MARIE JARICOT fut une de ces âmes d'élite envoyées par Dieu à notre siècle qui devait relever tant d'institutions chrétiennes ruinées par la Révolution. Intimement unie à Dieu, dévouée au Saint-Siège, elle mena une existence féconde pour le prochain. Elle fut la fondatrice de l'Œuvre de la Propagation de la Foi pour les missions lointaines, l'organisatrice du Rosaire vivant; rêvant de combler, entre les deux classes extrêmes de la société, un abîme que la Révolution n'a point fait disparaître, elle donna l'élan aux œuvres de zèle et de charité en faveur de la classe ouvrière. Enfin Lyon en particulier lui est redevable d'un autre bienfait. C'est elle qui, par sa sollicitude, ses démarches et ses sacrifices, a conservé la colline de Fourvière, couverte aujourd'hui de couvents et d'asiles pieux, l'a conservée, disons-nous, digne de la Reine du ciel, qui y avait depuis longtemps l'antique chapelle tant aimée de nos pères, qui y possède aujourd'hui la splendide basilique, monument de notre reconnaissance. C'est donc une existence pleine d'intérêt pour l'Eglise, pour les âmes, pour notre cité lyonnaise, que celle de la pieuse fille dont les derniers jours furent abreuvés d'amertume, livrés à l'abandon comme pour dire une fois de plus au monde que la croix est la marque de fabrique de tout ce qu'il y a de grand, de fécond sur la terre, et que les âmes choisies par Dieu pour coopérer à son œuvre doivent se tremper dans le sacrifice et le renoncement.

Puisse cette humble biographie édifier les âmes d'abord, car le salut des âmes fut la passion dominante de Pauline; puisse-t-elle aussi leur faire mieux connaître et plus aimer cette chrétienne vaillante qui peut-être un jour sera sur nos autels.

CHAPITRE PREMIER

LA FAMILLE JARICOT

Vers la fin du siècle dernier vivait à Lyon un ménage chrétien, menant une vie exemplaire et jouissant d'une certaine aisance. Le père, Antoine Jaricot, treizième enfant d'une famille de cultivateurs, avait montré dès son jeune âge des tendances pieuses et charitables. On raconte qu'au milieu de ses travaux, il trouvait le moyen d'enseigner à une vieille bergère illettrée les litanies de la sainte Vierge et d'autres prières qu'elle désirait savoir. Devenu orphelin à l'âge de quatorze ans, il avait demandé à son frère aîné la permission d'aller à Lyon, afin de gagner un peu plus et de venir en aide aux siens. Le frère y avait consenti. Antoine, placé chez un fabricant de soieries après avoir fait son apprentissage, avait entrepris ensuite un commerce à son compte, et Dieu bénissant ses efforts, il prospérait et prenait le chemin de la fortune.

Un dimanche de la Passion, comme il faisait son chemin de croix au Calvaire de Saint-Irénée, il remarqua, parmi les fidèles suivant les stations, une jeune fille d'un extérieur distingué, mais surtout empreint d'une piété angélique.

Ayant pris des informations, il sut que Jeanne Lattier appartenait à une famille honorable, mais sans fortune. « Que m'importe l'argent! répondit Antoine; je puis en gagner, et le reste ne se gagne pas. » Ainsi fut conclu ce mariage selon le cœur de Dieu.

Les deux époux menaient une vie chrétienne et laborieuse. Chaque matin ils entendaient la messe à Saint-Bonaventure, leur paroisse, puis ils s'occupaient de leur commerce. Jeanne se tenait au magasin, toute gracieuse en sa distinction naturelle. Le soir, elle se faisait enseigner par son mari les connaissances qui, selon elle, manquaient à son éducation. L'intérieur du ménage était alors des plus modestes; la même chambre toute simple qu'Antoine avait occupée avant son mariage leur suffisait encore, et leur table était des plus frugales. Mais la loyauté, la probité des époux ne tarda pas à leur amener une clientèle considérable, et la maison Jaricot fut bientôt en réputation sur la place.

Trois enfants étaient nés déjà de ce mariage : Paul, Marie-Lorette et Sophie, lorsque éclata la grande Révolution. Ce que souffrirent des époux aussi chrétiens en voyant les scènes de carnage et de désordre dont les églises étaient le théâtre, se comprend facilement. Ils secouraient de leur mieux les prêtres obligés de se cacher, et assistaient au saint Sacrifice dans les greniers et les réduits obscurs.

Au mois d'août 1793, Antoine s'engagea parmi les défenseurs de Lyon. Jeanne attendait alors un quatrième petit ange. Toute désolée elle faisait dire chaque soir à ses enfants : « Mon Dieu qui êtes si bon, sauvez la France, la famille royale et notre pauvre papa! » Les assiégés ayant obtenu quelque répit, Antoine demanda la permission d'aller régler certaines affaires dans son domaine de Soucieu-en-Jarest. Comme il était en chemin pour revenir, un avis charitable lui fit savoir que sa tête était mise à prix. Il resta donc à la campagne, écrivit à sa femme de régler leurs affaires selon la justice et de venir le rejoindre. Ce voyage de plusieurs lieues, à pied, avec trois petits enfants en bas âge, quand on est sur le point d'en avoir un autre, était chose bien pénible, et même bien effrayante car, partie aux premières lueurs du jour pour moins attirer l'attention, la pauvre Jeanne avait à traverser des rangées de cadavres étendus par terre, et elle apercevait au loin les bras rouges de la guillotine dressée d'une manière permanente. Elle réussit cependant à sortir de la ville, à rejoindre son mari. A peine arrivée elle donna le jour à un enfant qu'on appela Narcisse. Les deux époux rentrèrent à Lyon quand la tourmente révolutionnaire se fut un peu calmée. Un cinquième enfant qui vint au monde fut nommé Philéas. Et enfin ce fut dans leur domicile de la rue Tupin, au numéro 16, que naquit la petite Pauline, le 22 juillet 1799. Elle fut baptisée le même jour, dans la maison sans doute, car les églises n'étaient pas rouvertes, et le prêtre, échappé aux massacres de la Terreur, qui signa son acte de baptême, n'y fait mention d'aucune paroisse. Elle eut pour parrain, son frère aîné Paul, et pour marraine, sa sœur Marie-Lorette.

Elle fut donc élevée dans un milieu chrétien ; elle eut sous les yeux des exemples salutaires. Antoine Jaricot prêtait son concours à toutes les mesures qui pouvaient relever un pays où les choses religieuses tombaient en ruines. De plus, son commerce avait repris à prospérer, et il faisait bien large la part des pauvres. Pauline, un peu fière et impérieuse par caractère, était d'une droiture et d'une bonté sans égales, vive, gaie, caressante. Elle chantait à propos de tout et en faisant n'importe quoi ; aussi l'avait-on surnommée « l'alouette du paradis ».

Elle reçut, bien jeune encore, la bénédiction du Pontife suprême, car en novembre 1804, lorsque Pie VII se rendant à Paris pour le couronnement de l'empereur, s'arrêta à Lyon, la famille Jaricot lui fut présentée comme une de celles qui contribuaient le plus à la restauration du culte et au soulagement des pauvres. En avril 1805, Pie VII repassa à Lyon pour retourner à Rome, et dans une inoubliable solennité, il rouvrit l'église de Fourvière fermée si longtemps à la piété des fidèles, et y célébra la messe ; puis, de la terrasse de l'ancienne maison d'Albon, il bénit les foules émues prosternées le long des quais, dans les rues et par toute la ville. Philéas et Pauline étaient là. Le premier, caractère exubérant et plein de vivacité, trépignait de bonheur et criait à pleins poumons : *Vive le Saint-Père ! Vive Pie VII !* Pauline ne disait rien, mais de grosses larmes coulaient sur ses joues. Son frère se méprenant sur la cause de son immobilité extérieure, lui secouait le bras en disant : « Mais tu ne sens donc rien, Pauline ? Crie donc aussi : *Vive le Pape !* le Pape remplace Jésus-Christ ». Certainement si, elle sentait, Pauline, et même fortement ; mais elle était une de ces natures chez lesquelles l'émotion se concentre tellement au cœur qu'elle empêche de se répandre en paroles. Frappée cependant par les derniers mots de son frère, elle éleva ses mains jointes vers le Pontife en murmurant : *Vive Jésus-Christ !* En cette seconde rencontre aussi, le vénérable Pontife bénit tout spécialement les enfants Jaricot.

Les natures comme celles dont nous parlons, c'est-à-dire qui sentent fortement et concentrent leurs impressions en elles-mêmes sont ordinairement réfléchies. Pauline, en effet, tout exubérante de gaieté qu'elle fût, pensait d'une manière étonnante pour son âge. Dans la cour de la maison qu'elle habitait se trouvait un puits; à son grand étonnement elle voyait sans cesse descendre dans ce puits des seaux vides que l'on remontait toujours pleins, et sa petite tête se posait ce problème : Tant que l'on a pris de l'eau, comment y en a-t-il encore? Elle posa un jour la question à sa mère qui lui répondit : « C'est que la source qui l'alimente est inépuisable. — Inépuisable! répéta l'enfant, oh! ma chère maman, je voudrais avoir un puits d'or qui soit inépuisable aussi, afin de pouvoir secourir tous les malheureux, et que personne ne pleure plus ». La sage mère fit comprendre à sa fille qu'il est une autre aumône que celle de l'argent, et celle-là est inépuisable; elle consiste à prier Dieu qu'il donne aux malheureux et la résignation, et ce que nous-mêmes ne pouvons leur donner. Pauline écoutait, le regard plongé dans celui de sa mère comme si elle eût vu loin déjà dans ces hautes régions de la charité. « Eh bien! maman, dit-elle enfin, demandez au bon Dieu que je l'aime beaucoup, beaucoup, afin que je puisse consoler tous les malheureux ».

La piété, la charité possédaient déjà sa jeune âme; ce devaient être là les deux grandes raisons de sa vie. Les jeux les plus animés étaient abandonnés sans regret pour une visite au saint Sacrement. Lorsqu'après un office ou quelques instants de prière, Mme Jaricot craignant de fatiguer sa fille, lui disait qu'il était l'heure de partir : « Déjà! faisait l'enfant.... Je n'ai pas encore tout dit à Jésus.... Ma chère maman, laissez-moi avec lui; je me trouve si bien ici!.... Vous m'enverrez chercher dans longtemps, bien longtemps ».

Elle savait donc toute jeune ce secret que cherchent bien des âmes, et qui est si facilement révélé aux âmes de bonne volonté : elle savait s'entretenir avec Jésus. « Je parlais à Notre-Seigneur, a-t-elle écrit plus tard, comme je parlais à ma mère, lui confiant mes joies, mes petits chagrins, mes fautes et mon désir de lui plaire. Je lui répétais bien des fois que je l'aimais, que je ne voulais pas l'offenser ; je le suppliais de m'indiquer comment je pourrais le faire aimer de tout le monde. Puis je le regardais et je l'écoutais au fond de mon âme ; je l'entendais me demander tel ou tel léger sacrifice, et m'adresser tel ou tel reproche quand j'avais cédé à mes mauvais penchants ».

Parler au Sauveur et surtout l'écouter dans le fond de son âme, c'est là toute l'oraison et le secret de l'union avec Dieu.

Pauline parle de ses mauvais penchants. Certainement, fille d'Adam comme nous, elle avait des défauts naturels, et il lui fallait son amour de Dieu pour en triompher. Elle était impérieuse et se fâchait d'abord quand on ne lui cédait pas. Mais dès que la pensée de Dieu se présentait à elle, nul sacrifice ne lui coûtait. Ses compagnes de jeux, connaissant cette disposition, lui disaient souvent, quand elles voulaient l'amener à leurs fins : « Alors, fais cela pour le bon Dieu ! » Et elle faisait gracieusement tout ce qu'on demandait.

Philéas était, de tous ses frères et sœurs, celui qui allait le mieux avec elle. Il la défendait avec impétuosité contre les exigences des autres enfants. Mais s'il s'agissait de lui-même, sa fermeté et sa vivacité faisaient volte-face. « D'abord, petite, lui disait-il, je suis un homme, moi, et j'apprends le latin. Par conséquent, tu dois m'obéir. » C'était une ardente et généreuse nature que celle de ce petit homme. Nous verrons du reste quel rôle il jouera dans la destinée de Pauline. Pour le moment, tous deux s'excitaient mutuellement à l'amour de Dieu et du sacrifice.

— C'est décidé, Pauline, dit un jour Philéas à sa sœur ; je serai missionnaire. J'irai en Chine, je serai martyrisé, et mon sang fera pousser des chrétiens ; j'ai vu dans mon histoire ecclésiastique que c'est toujours comme ça.

— Alors, emmène-moi, disait Pauline ; je soignerai les malades, j'apprendrai le catéchisme aux petits enfants, et je mettrai des fleurs à toutes les chapelles.

Le futur missionnaire haussait les épaules. « Pas possible ! répondait-il ; dans les pays sauvages, on va à cheval sur les chameaux, les tigres et les crocodiles ; il n'y a pas d'autres moyens de voyager ; et tu ne saurais pas te tenir.

— Eh bien, reprenait la pauvrette, sans songer à l'absurdité des chameaux en Chine, et des crocodiles que l'on monte comme de vulgaires mulets, eh bien, est-ce que tu ne pourrais pas me faire monter derrière toi et m'attacher avec un gros ruban ?

Philéas éclatait de rire. « Impossible, répétait-il, impossible ; les hommes seuls sont missionnaires.

— Et moi, reprenait Pauline avec une grande envie de pleurer, je ne ferai donc rien ?

— Si, si ! tu prieras pour moi, tu coudras des ornements, et tu m'enverras beaucoup d'or afin que j'achète tous les petits enfants qu'on tue dans ces pays.

Voici, jetée dans ces enfantines et sublimes conversations, au milieu de naïvetés touchantes, voici jetée l'idée première d'une des œuvres capitales auxquelles Pauline a consacré sa vie.

Cependant les années s'écoulaient dans cet intérieur chrétien et bien uni, où la mère avait pour premier souci d'élever à Dieu l'esprit de ses enfants, où tous les enfants répondaient si bien à son attente, quoique d'une manière différente selon leurs divers caractères. La maison de commerce de M. Jaricot était devenue une des premières de la ville; sa fortune était considérable; sa réputation de loyauté et de charité était connue de tous; il occupait dans la cité un rang distingué. Aussi quand il voulut établir les premiers-nés de ses enfants, put-il obtenir des alliances très honorables en même temps que chrétiennes. L'aîné, Paul, digne héritier des vertus de son père, nourrit de ses économies, pendant une famine qui désola Lyon, un très grand nombre d'ouvriers; il s'unit à une jeune fille qui lui fut enlevée par une mort prématurée, mais dont les malheureux gardèrent longtemps le souvenir. Marie-Lorette, caractère doux et plein de délicatesse, épousa M. Victor Chartron, qui possédait à Saint-Vallier, dans la Drôme, une grande fabrique de soieries; c'était un homme dévoué à toutes les nobles causes. Sophie, admirablement douée sous le rapport physique, et d'une grande aptitude pour les affaires, était surtout la femme d'action de la famille, le conseil du père et de la mère. Elle épousa un honorable commerçant de Lyon, M. Perrin. Elle et sa sœur furent le modèle des épouses, des mères, des chrétiennes qui vivent dans le monde.

Un jour, au milieu des préoccupations que donne nécessairement à une mère le choix d'un mari pour ses filles, Mme Jaricot dit à une de ses amies : « Je crois que je n'aurai pas ces inquiétudes pour Pauline; il me semble que Dieu la réserve pour lui. » Elle ne se trompait pas.

En attendant l'époque où devait se manifester la volonté divine, Pauline prenait gaiement sa part des soins de la famille; elle venait en aide à Rose, domestique pieuse et dévouée qui avait secondé la mère dans l'éducation des enfants. Quand sa sœur Sophie eut un fils, elle s'ingénia à faire éclore dans l'âme de son Petit-Pierre des pensées pieuses et l'amour du bon Dieu. Mme Perrin confiait quelquefois l'enfant à son aïeule et à sa tante, dans une propriété que la famille possédait à Collonges; là Pauline lui apprenait à prier, à s'entretenir avec Dieu comme elle-même le faisait. L'enfant, ainsi formé par elle à la piété, devait mourir plus tard missionnaire au Maduré.

CHAPITRE II

LUTTES ET PÉRILS

Madame JARICOT avait cultivé longtemps seule et avec le plus grand soin l'âme de Pauline. Astreinte à des obligations de société plus nombreuses qu'autrefois, elle crut bien faire en la plaçant dans un pensionnat quelque temps avant sa première communion, afin de donner à la préparation de ce grand acte plus de recueillement et de régularité. Malheureusement le contact de compagnes moins simples et moins candides qu'elle devint préjudiciable à Pauline. Douée d'une imagination vive, d'une âme trop ardente, elle n'était pas de celles qui savent partager leur cœur; elle avait été jusque-là toute à Dieu; entraînée par quelques jeunes filles vaniteuses et frivoles, elle se laissa envahir tout à coup par l'amour des choses mondaines, par le désir de plaire, d'être louée et d'inspirer de l'affection. L'approche de la première communion la forçant à veiller sur elle-même, fit disparaître pour quelque temps ces tendances à la légèreté. Pauline reçut l'hôte divin dans son cœur avec d'ineffables transports. Entière et peut-être même excessive en tout, elle fut prise à ce moment de telles craintes d'avoir offensé Dieu gravement, tourmentée de tels scrupules qu'elle en souffrit de véritables angoisses. A partir de ce moment, la sainte communion lui fut d'un grand secours pour lui aider à se vaincre.

Un autre défaut qu'elle dut combattre, ce fut son penchant à la colère. Il était tellement dans sa nature que, lorsque à cause de sa vue un peu basse, elle se heurtait contre un meuble ou une muraille, elle frappait violemment l'objet inanimé qui lui avait fait mal. Plusieurs fois, hélas! ses compagnes subirent le même traitement que les murs quand une violente contrariété l'avait jetée hors d'elle-même. En même temps que les injures, les coups pleuvaient aussi. Mais douée d'un caractère droit et bon, elle reconnaissait sa faute aussitôt que le calme était revenu, et ne se couchait pas d'habitude sans s'être réconciliée avec son adversaire. En certaines rencontres où elle ne l'avait pas fait le soir, elle se leva la nuit pour aller demander pardon à la compagne qu'elle avait offensée, craignant d'être surprise par la mort et de paraître devant Dieu sans se trouver en paix avec tout le monde. Si la compagne en question refusait ou faisait semblant pour éprouver Pauline de refuser son pardon : « Eh bien! disait celle-ci, j'ai fait à votre égard ce que j'ai pu ; maintenant si la mort nous surprend cette nuit, vous répondrez seule de la brouille. » L'esprit de foi la guidait, car ces démarches coûtaient beaucoup à son orgueil.

Après trois années de pension, Pauline rentra dans sa famille. La situation des Jaricot, nous l'avons dit, était devenue des plus brillantes en même temps qu'elle était restée des plus honorables. On recevait soit à Lyon, soit dans la propriété de Collonges ; on allait dans le monde. Lors du passage à Lyon de la duchesse d'Angoulême, Pauline fut de toutes les fêtes données en l'honneur de la princesse ; elle l'accompagnait à cheval avec d'autres jeunes filles dans ses promenades ; elle assista au grand bal de la salle Saint-Pierre. La pieuse Jeanne, malgré son amour de la vie cachée, n'avait pu se soustraire à ces obligations sociales. Pauline avait été douée par Dieu d'un extérieur agréable. Grande, avec une tournure distinguée, un visage gracieux et riant où brillaient des yeux pleins de flammes, elle attirait l'attention, les louanges, elle était recherchée partout. Si grands étaient la droiture de son cœur et son désir d'aimer Dieu uniquement, que dès l'abord elle s'effraya des flatteries qu'on lui adressait, fut prise de scrupule à propos des ornements dont elle se parait, et confia à sa mère son intention de se consacrer au service de Dieu. Mme Jaricot accueillit cette ouverture avec bonheur ; elle représenta néanmoins à sa fille tous les sacrifices que demanderait d'elle une telle résolution, et l'engagea à réfléchir et à prier beaucoup.

Pauline était sincère en cette circonstance, mais elle avait compté sans la fragilité humaine et les pièges que nous tend le monde pour attirer nos âmes. Dieu voulait probablement que le souvenir de sa faiblesse vînt augmenter son humilité et sa reconnaissance envers lui. Les séductions du monde, en effet, réveillèrent en son cœur les velléités de vanité, les désirs de plaire et d'être admirée, qui une fois déjà y avaient élu domicile, et elle faillit oublier ce qu'elle avait promis à Dieu. Son père lui-même se faisait l'auxiliaire de sa vanité. Il prétendait que Dieu n'avait pas exceptionnellement doué Pauline pour qu'elle se confinât dans la retraite, et mettait tout en œuvre pour lui procurer un parti avantageux. Enserrée dans les mailles d'un étroit filet, Pauline se laissa prendre, et aux propos de son père, et aux attentions délicates du jeune homme qu'on lui proposait, et à la voix de son propre cœur qui lui montrait la vie facile dans une affection partagée ; elle était sur le point de céder ; sentant cependant au fond d'elle-même comme un mécontentement secret du Dieu qui l'avait appelée, elle souffrait par moments de terribles angoisses ; une lutte pénible se livrait dans son cœur. Et elle avait quinze ans !

Sa mère souffrait plus qu'elle. Ayant cru deviner jusqu'à un certain point les desseins de Dieu sur sa fille, elle se demandait si elle avait suffisamment veillé sur le trésor dont elle avait la garde; elle offrait sa vie pour obtenir à son enfant les divines lumières avec la paix de l'âme. Son sacrifice, hélas ! ne fut que trop tôt accepté.

Au milieu de ces luttes, et comme le mariage avait été en principe décidé par M. Jaricot, Pauline fit une chute qui eut des suite graves et la laissa en proie à une pénible maladie nerveuse. Sa mère se mit à la soigner avec la plus affectueuse sollicitude, mais, épuisée déjà par les tortures qu'elle éprouvait au sujet de sa fille, elle eut encore une autre épreuve à subir. Narcisse, celui de ses enfants qui était né au lendemain de sa fuite périlleuse pendant la Révolution, et qui avait toujours été souffrant, mourut dans sa vingt et unième année. Mme Jaricot tomba alors dans un état très alarmant, et comme le spectacle des douleurs de l'une augmentait les douleurs de l'autre, les médecins exigèrent que l'on séparât les deux malades. Mme Jaricot fut ramenée à Lyon tandis que Pauline restait à Collonges. Celle-ci ne devait plus revoir sa mère. L'héroïque femme, après avoir confié à son fils aîné Paul les tortures de son cœur, s'éteignit dans un sentiment de joie ineffable, comme si le voile de l'avenir eût été soudain levé devant ses yeux.

On cacha longtemps cette mort à Pauline. Les crises nerveuses qui secouaient la pauvre enfant menaçaient même de lui faire perdre la raison. Il n'en fut rien cependant, mais l'humiliation qu'elle éprouvait de son état faisait souffrir considérablement son orgueil. Le curé de la paroisse lui demanda alors si elle ne voulait point recevoir la sainte communion, ce qu'elle n'avait pas fait depuis qu'elle était malade, à cause de ses luttes intérieures. Elle se laissa persuader, et la venue de Jésus-Christ fut comme un rayon de soleil sur la pauvre plante flétrie ; sa langue embarrassée se délia, ses membres devinrent plus dociles, et un peu de paix commença à rentrer dans son âme.

Le mieux s'accentuant et les terribles crises ne se renouvelant pas, on conduisit Pauline à Fourvière pour rendre grâces à Dieu ; elle s'y mit sous la protection de la sainte Vierge, qui ne devait pas l'abandonner. Mais elle resta longtemps encore dans un état de langueur qui lui rendait toute action impossible. Hélas ! combien les passions sont ancrées dans notre âme ! et combien le démon a de ruses pour nous amener à ses fins ! Une fois le temps du deuil passé, Pauline se laissa reprendre malgré l'état précaire de sa santé, par l'amour de la parure et les recherches de la vanité. Elle se confessait exactement et même avec scrupule de ses moindres fautes ; elle visitait les pauvres avec sa sœur Sophie, qu'elle regardait comme sa seconde mère ; elle n'avait certainement pas en se parant l'intention d'offenser Dieu et croyait naïvement qu'il était bien permis de chercher à se rendre plus jolie quand on l'était déjà ; aussi son confesseur voyant sa candeur et sa charité, ne disait-il rien, et la laissait-il marcher sans conseil et sans guide. Il ne comprenait pas qu'elle était de ces âmes à qui Dieu demande plus que le strict nécessaire, et à qui le désir de plaire au monde est interdit parce qu'elles doivent être à Dieu seul.

Cette direction qui lui manquait, le Seigneur l'envoya enfin. Par un hasard providentiel, Mme Perrin ne trouvant pas son confesseur habituel, s'adressa un jour en 1816 à un prêtre doué d'une charité et d'un zèle vraiment apostoliques, et qui, pendant trente années, fit le bien dans la paroisse Saint-Nizier. Il lui donna des conseils pleins de lumière et de sagesse, celui-ci, entre autres à propos des bals et des spectacles : « Ne mettez jamais le pied sans une absolue nécessité là où vous ne voudriez pas mourir ». En racontant cette entrevue à Pauline, Mme Perrin disait : « Jamais personne ne m'a parlé comme lui ; j'ai rencontré un saint. — Je veux le voir, s'écria Pauline ! j'en ai véritablement besoin ». Il fut convenu qu'on irait à Saint-Nizier un jour de la semaine suivante où l'abbé Wurtz devait prêcher. Pauline ne demandait pas mieux en effet que de trouver un esprit éclairé, une main ferme qui la guidât dans le sentier où elle devait marcher ; une direction flatteuse ne l'eût point satisfaite. Et cependant, détail qui montrera l'aberration de son esprit à cette époque de sa vie, elle fit pour aller à ce sermon tant désiré une fraîche toilette qui n'annonçait pas un grand désir de renoncer au monde. Des témoins ont conservé le souvenir de cette toilette. Pauline avait une robe de taffetas bleu-clair glacé de blanc, garnie avec un goût exquis ; de petit souliers à rubans de la même couleur que la robe ; un de ces grands chapeaux de paille d'Italie comme on les portait alors, relevé de côté par un bouquet de roses. Ses cheveux noirs, fins et naturellement bouclés encadraient son visage et retombaient sur ses épaules. Elle était si jolie ainsi que son père ne put retenir une exclamation de joie et d'admiration. La Providence inspira-t-elle au prédicateur le sujet de son sermon ? Toujours est-il que l'abbé Wurtz parla des dangers et des illusions de la vanité et le fit d'une manière si pénétrante que Pauline, aussitôt le sermon fini, suivit le saint prêtre à la sacristie, et, sans embarras, comme poussée par une impulsion secrète, elle lui dit : Monsieur l'abbé, vos paroles m'ont troublée ; voudriez-vous m'expliquer en quoi consiste la vanité coupable ? Si le prêtre eût considéré seulement l'enveloppe extérieure de celle qui lui parlait ainsi, il aurait pu croire à de la raillerie. Mais il vit dans les yeux de Pauline tant d'innocence et de candeur qu'il lui répondit simplement : « Mon enfant, pour la plupart des femmes, cette vanité consiste à se parer afin d'attirer les regards et de devenir l'idole des créatures. Pour d'autres, elle est tout entière dans l'amour de ce qui retient le cœur captif quand Dieu l'invite à s'élever bien haut. — Mon Père, murmura Pauline, veuillez, je vous prie, me donner quelques instants au confessionnal ».

C'était l'heure de la grâce ; les liens qui tenaient l'âme enchaînée allaient se briser pour toujours. Pauline exposa là ses luttes et ses défaillances, ses remords et ses aspirations ; elle se mit sous la conduite du vénérable prêtre, qui était aussi ferme qu'éclairé, et quand elle sortit du saint tribunal elle était dans la voie où Dieu la voulait. Elle regarda ce jour comme celui de sa conversion.

CHAPITRE III

TOUTE A DIEU

Dès que Pauline fut décidée à ne plus chercher que Dieu seul, elle ne marchanda pas avec sa résolution et ne recourut point aux demi-mesures. Un jour que tous les membres de sa famille étaient réunis, elle leur demanda pardon de sa légèreté passée, des mauvais exemples qu'elle avait pu leur donner, déclara son intention de renoncer aux plaisirs et aux ornements du monde. « Qu'aucun de vous, ajouta-t-elle, ne se préoccupe de mon avenir ! Désormais Jésus-Christ est tout pour moi ». Son père et ses frères l'embrassèrent en pleurant, l'assurèrent qu'ils n'avaient rien à lui pardonner, et le premier murmura d'une voix émue : « Ah ! ma Pauline, si ta mère était là, qu'elle serait heureuse ! »

S'étant rendue en pèlerinage au tombeau de saint François Régis, Pauline fit vœu de se vêtir pendant un an de violet foncé. Or elle détestait cette couleur, et d'ailleurs les nuances sombres n'étaient pas portées alors comme elles le furent plus tard. C'était pour rompre par un coup de maître avec les livrées mondaines. Peu de jours après en effet, on vit la jeune fille paraître dans l'église Saint-Pierre qui était alors sa paroisse (la famille Jaricot habitant rue Puits-Gaillot) avec une robe violette d'étoffe grossière et de forme presque monastique, un petit bonnet de mousseline, un mouchoir blanc sur les épaules, et aux pieds de gros souliers retenus par des courroies de cuir, chaussure que portaient alors seulement les femmes du peuple. Si l'on songe qu'elle avait dix-sept ans, qu'elle avait tenu outre mesure à l'opinion et à l'admiration de la foule, on comprendra ce qu'il dût lui en coûter de paraître en public sous ces livrées de la pauvreté. Dans la suite elle ne porta plus que des étoffes noires et communes. Après avoir déposé au pied de son crucifix les nombreux bijoux dont on s'était plu à la combler : ses bracelets, ses bagues, ses colliers, elle les fit vendre au profit des pauvres. Ses robes les plus riches furent données pour faire des ornements d'église, et les fleurs dont elle se parait servirent aux reposoirs et aux processions du très saint Sacrement.

En même temps qu'elle étouffait ainsi l'orgueil et l'amour-propre, elle cherchait à triompher des répugnances des sens, elle qui était d'une nature extrêmement délicate. Elle se mit à fréquenter l'Hôtel-Dieu, obtint la permission de panser des vieilles femmes couvertes d'ulcères, et les embrassait après les avoir pansées et consolées. Cette pratique de la charité ne l'empêchait pas de remplir minutieusement et plus tendrement que jamais ses devoirs de famille. Elle était maintenant l'âme de cet intérieur où Mme Perrin et Mme Chartron revenaient bien souvent ; elle cherchait à consoler son père de son veuvage, lui faisait la lecture ou bien chantait pour le distraire. Elle avait un art ingénieux pour tourner vers le bon Dieu les jeunes cœurs de ses neveux et nièces. Deux surtout étaient l'objet de ses soins : le petit Pierre, qu'elle préparait à sa première communion, et Pauline, qu'elle avait tenue sur les Fonts baptismaux. Elle les emmenait avec elle à la campagne, profitait de tout : d'une fleur trouvée sur le bord de la route, d'une visite chez les pauvres, pour leur dire la bonté de Dieu et le bonheur de lui appartenir. A l'église, devant le Tabernacle, elle leur apprenait à donner leur cœur à Jésus-Christ. C'est de cette Pauline, alors naïve étourdie de six à sept ans, et devenue religieuse plus tard, que l'on tient la plupart des notes sur l'existence de sa tante au sein de la famille.

Du foyer domestique ce désir d'attirer les cœurs à Dieu et de les grouper autour du cœur de Jésus-Christ, commença à se répandre au dehors et à devenir un apostolat véritable. La vue des misères spirituelles qu'elle découvrait chez les pauvres et les malades, les maux de l'Eglise, la corruption qui régnait dans bien des classes de la société, lui inspira l'idée de former une ligue de réparation afin de consoler le cœur de Dieu et de prier pour les pécheurs. Elle choisit un certain nombre de pauvres ouvrières et de domestiques, et leur donna le mot d'ordre qui était : « d'aimer Jésus-Christ sans mesure, d'accomplir fidèlement sa volonté, de ne plus chercher aucune joie sur la terre, de s'immoler en toute occasion pour sa gloire et le salut des âmes ». Sans réunions, sans perte de temps, l'œuvre était toute dans l'intention ; un crucifix orné des insignes de la passion était le signe de ralliement ; le chemin de la croix, l'exercice particulier des *Réparatrices du cœur de Jésus méconnu et méprisé,* comme Pauline nomma ces âmes d'élite. Elles se dévouaient à la conversion des pécheurs, au soulagement des pauvres, et surtout à la réparation publique des outrages faits au Sauveur dans la divine Eucharistie. Pour cela elles devaient, autant qu'il leur était possible, se trouver aux lieux où l'on pouvait présumer que Notre-Seigneur serait outragé et, par des marques d'amour et d'adoration, réparer les scandales produits.

Philéas, ce frère de Pauline, dont l'intimité amenée par le rapprochement d'âge avait été si grande avec sa sœur, et qui, tout enfant rêvait la gloire du martyre, avait fait comme Pauline ; il s'était laissé entraîner par le tourbillon du monde et était devenu un jeune homme à la mode, recherché dans la haute fashion. L'heure de la grâce sonna aussi pour lui. On apprit tout à coup, tellement il avait bien caché son secret, que le jeune fashionable était à Saint-Sulpice ; il se préparait à ce travail de la vigne du Seigneur pour lequel les ouvriers ne sont jamais assez nombreux, pour ces missions lointaines dont le sublime héroïsme avait jadis séduit son cœur d'enfant.

Un autre champ s'ouvrit au zèle de notre jeune convertie. Etant allée passer quelques mois à Saint-Vallier, chez sa sœur Mme Chartron, elle fut témoin des désordres auxquels se livraient les ouvrières de la fabrique, désordres sur lesquels gémissaient les époux Chartron, mais auxquels ils n'avaient point encore trouvé de remède. Comment s'y prit Pauline pour changer l'esprit qui animait une agglomération de deux cents jeunes filles ? Ce n'était pas là une tâche facile. La vue de sa tenue modeste, de son vêtement plus que simple, à elle qui était riche, commença à leur faire attacher moins d'importance à leurs parures souvent inconvenantes. L'humilité et la charité de Pauline, qui visitait les malades, causait avec les bien portantes, venait s'asseoir auprès de leurs métiers pour s'informer de leurs affaires, de leurs familles, les portèrent à réfléchir et à trouver que les dévotes ont du bon. Bref, elle sut si bien gagner leur affection qu'elle put, sans exciter ni mécontentement ni révolte, faire établir pour toute la fabrique un règlement sévère. Aidée de son frère Philéas, qui vint cette année-là passer les vacances à Saint-Vallier, et d'un prêtre de la paroisse, M. Bloton, elle établit : 1° Que toutes les jeunes filles seraient logées dans l'établissement et ne découcheraient jamais à moins d'une permission toute particulière; 2° que celles qui avaient leurs parents dans la ville pourraient aller prendre leurs repas chez eux, mais devraient être rentrées avant la nuit. L'abbé Bloton donnait chaque soir à la fabrique des instructions pleines d'intérêt. Avec cela, le zèle de Pauline, son talent à parler de Dieu en causant affectueusement avec les ouvrières firent le reste. Elle improvisa d'abord un oratoire près des ateliers, puis elle fit bâtir une chapelle où les ouvrières pouvaient, au moindre moment libre, aller visiter le saint Sacrement.

Le changement opéré dans ces âmes fut si grand que Pauline trouva là de nombreuses *Réparatrices* et en tira des ressources spirituelles pour d'autres pécheurs et pour d'autres besoins. Une fois, au moment où des troubles survenus dans Lyon et le péril où se trouvait la France alarmaient les esprits, elle écrivit à Saint-Vallier demandant quarante personnes de bonne volonté qui voulussent jeûner tout un jour au pain et à l'eau pour apaiser la justice divine. Toutes, sans exception, se firent inscrire, et quelques-unes d'entre elles continuèrent pendant quarante jours cette héroïque pénitence. Une autre fois, dans le même but, Pauline demanda une neuvaine consistant à réciter à trois heures et les bras en croix cinq *Pater* et cinq *Ave* en souvenir de la mort du Sauveur. Sa demande fut si bien accueillie que, même après la neuvaine, cette pratique se conserva dans l'atelier du crêpe où se trouvaient les âmes les plus généreuses.

Ce fut dans l'établissement de son beau-frère que Pauline commença à exercer son zèle pour les missions, car, dès l'année 1817, on y faisait tous les vendredis une quête, à laquelle les ouvrières apportaient un ou deux sous pour les besoins des missionnaires.

Ce fut là également qu'en 1818, à peine âgée de dix-neuf ans, Pauline composa un petit écrit trouvé excellent par celui qui fut plus tard le cardinal Villecourt, et qui, exerçant alors le saint ministère à Lyon, y était en relations avec la famille Jaricot. Ce petit écrit sorti du cœur de Pauline dans l'espace d'un jour et d'une nuit, portait pour titre : *L'amour infini dans la divine Eucharistie*.

Une œuvre qui date de cette époque de sa vie eut pour objet des personnes d'une tout autre condition que les ouvrières de Saint-Vallier. Beaucoup de familles distinguées, ruinées par la Révolution, s'étaient réfugiées à Lyon et se trouvaient réduites au plus affreux dénuement. Pauline eut pitié des jeunes filles qui grandissaient dans ces milieux si tristes ; elle les réunit, soit pour leur procurer l'avantage de fréquentations choisies, qui les préserveraient de certains dangers, soit pour leur donner le moyen de gagner leur vie. Ses petites mains, jadis tant renommées pour leur beauté et leur délicatesse, eussent été inhabiles aux travaux grossiers, mais elles réussissaient à merveille les fleurs artificielles. Elle organisa pour ces jeunes filles un atelier de fleurs qui reçut bientôt d'importantes commandes et devint une ressource pour leurs malheureuses familles.

Pour son intérieur, Pauline avait gardé comme confesseur ordinaire l'abbé Gourdiat, curé de Saint-Polycarpe, qui était un ami de sa famille; mais elle était surtout dirigée par l'abbé Wurtz. Cet homme expérimenté dans la conduite des âmes, lui laissait une certaine latitude dans les sacrifices à accomplir afin de les rendre plus méritoires; il la prémunissait contre les illusions et les imprudentes ardeurs d'une piété trop juvénile; il lui apprenait à trouver sa consolation dans la croix quand Dieu jugeait à propos de lui mesurer ses divines faveurs.

Car souvent, il faut le dire, souvent il les lui prodiguait. De nombreuses notes écrites par l'ordre de son confesseur, forment comme un miroir où l'on peut suivre la vie intérieure de Pauline. « Ce n'est pas moi qui ai choisi le Seigneur, écrit-elle dans ces notes; c'est Lui qui m'a choisie le premier. J'ai hésité entre Dieu et le monde jusqu'à l'âge de dix-sept ans, où j'ai promis à Jésus-Christ de n'être qu'à lui seul. » Elle avait repris la douce habitude de son enfance qui consistait à parler simplement et à cœur ouvert à Jésus, à lui soumettre ses difficultés, à lui demander ses ordres. Et le plus souvent une voix distincte se faisait entendre en son cœur, qui répondait à ses demandes et qui éclaircissait ses doutes. Son directeur lui apprit à recevoir ces communications avec humilité, respect et reconnaissance. Mais il y avait d'autres moments où Dieu ne faisait plus sentir sa présence, où l'aridité succédait à la consolation. Il fallait alors se jeter au pied du crucifix ou au pied du tabernacle et embrasser la croix toute nue. M. Jaricot possédait à Tassin une propriété contiguë à l'église; Pauline avait obtenu qu'on lui confiât la clef du sanctuaire; elle passa de longues heures dans ce lieu, protestant à Dieu de sa fidélité au milieu des épreuves.

Le démon ne la laissa point tranquille. Outre les tentations d'orgueil qui revenaient encore, les répugnances qu'il tâchait de lui suggérer pour les humiliations qu'elle s'imposait, les tentations de désespoir dans lesquelles il lui persuadait qu'elle était trop coupable pour que Dieu pût l'aimer, il usa aussi d'attaques plus directes dont Pauline garda le secret. Mais la bonne Rose, cette ancienne domestique de la famille, qui couchait tout près de sa chambre, entendit parfois les plaintes douloureuses de Pauline mêlées à des voix effrayantes, et elle la trouva étendue à terre toute meurtrie par des coups qui lui avaient été portés. « Ma chère Rose, disait alors Pauline, prie pour moi, je t'en conjure, et ne raconte à personne ce que tu vois. Satan voudrait s'emparer de mon cœur et de ma volonté; mais il n'y parviendra jamais. » Du reste, la communion quotidienne avait été accordée à Pauline, et la force de Dieu même était en elle.

Au milieu des fleurs ou des épines, des sécheresses ou des consolations, son amour pour Jésus-Christ allait grandissant; elle se sentait prise d'une soif immense de le faire connaître, aimer par d'autres cœurs, de procurer sa gloire, le salut des âmes et le triomphe de l'Eglise. Tout naturellement la pensée du cloître se présenta à elle; elle se demanda si Dieu l'y appelait, et, bien qu'elle ne s'y sentît point attirée, elle allait voir des prises d'habit, comme pour interroger le Seigneur sur sa vocation. Une force mystérieuse semblait l'entraîner hors de ces pieux asiles, et une voix lui disait : « Ce n'est pas là que tu dois servir l'Eglise. »

Dieu, en effet, a besoin de soldats sur tous les champs de bataille, et d'épouses qui prennent ses intérêts dans tous les sentiers de la vie. Pauline se lia donc à lui sans entrer au couvent. Avec l'autorisation de son directeur, elle prononça le vœu de virginité perpétuelle dans l'église de Fourvière, la nuit de Noël de l'année 1816. Son cœur était irrévocablement à Jésus-Christ, et, si elle ne portait pas le voile des épouses du Seigneur, elle en avait le titre, les droits et les devoirs.

Empruntons à ses *Notes* mêmes pour montrer qu'elle fut fidèle aux uns et put revendiquer les autres.

« La veille du dimanche des Rameaux, écrit-elle, comme j'étais à genoux dans la chapelle de Notre-Dame-des-Grâces à Saint-Nizier, j'entendis une voix, la même qui souvent m'avait parlé de l'ingratitude des hommes, de la guerre que les impies font à Dieu, à sa gloire, à son nom, et de la justice infinie qui veut être vengée de tant d'outrages. Cette voix me dit :

« Ma fille, demain on célébrera le souvenir du jour
« où les Juifs me comblèrent d'honneur en chantant
« Hosanna ! Et quelques jours après, ils m'ont fait
« mourir... Veux-tu souffrir et mourir pour moi ? »

« Je compris que cette demande avait trait à la conversion des pécheurs, à l'effusion de quelque grâce de miséricorde pour la France, et je m'offris alors en victime à la divine Majesté, non sans frémir de crainte mais en comptant entièrement sur sa grâce.

« Eh bien, reprit la voix, prépare-toi donc à mou-
« rir. »

« Je m'abaissai devant le Seigneur, me reconnaissant indigne d'apaiser sa justice. Il me fut répondu que si je voulais être bien obéissante et fidèle, Jésus-Christ se servirait de la sainte communion pour m'élever à lui et me fortifier. Hélas ! j'avais tant de défauts ! j'étais surtout si vive, si attachée à moi-même, et la nature était si vivante en moi que mon Sauveur eut dès ce jour beaucoup de travail à me retirer dans le secret de sa force, et à me former à cette mort de tous les moments, qui est celle de son amour dans sa vie eucharistique. A chaque instant, je lui échappais, ne pouvant qu'à grand'peine consentir à me priver de ce qui contentait mes fantaisies spirituelles, mes délicatesses propres, et *tout le moi* dont jusqu'alors, afin sans doute de ne pas me décourager, Jésus avait permis que je ne m'aperçusse pas. »

La suite de cette Vie nous montrera si les souffrances et cet état de mort annoncés par la voix divine devaient être une réalité; s'il n'était pas besoin, en effet, que le Sauveur trempât dès lors fortement l'âme de son épouse pour l'amener peu à peu au dépouillement complet d'elle-même dont elle devait avoir besoin.

Pour le moment, voici quelle était à peu près l'existence de Pauline. Elle se levait à quatre heures. Ses matinées se partageaient entre la prière et le soin des malades à l'Hôtel-Dieu, où son exemple et son dévouement étaient une prédication. L'après-midi était consacrée à l'atelier des fleurs, à la visite des pauvres, surtout des pauvres honteux, et à celle des prisonniers. La soirée appartenait à sa famille; et la bonne Rose a affirmé que la plus grande partie des nuits de sa jeune maîtresse se passait en oraison.

Depuis la maladie qu'elle avait faite à l'âge de quinze ans, Pauline était restée sujette à des oppressions et des palpitations de cœur qui étaient parfois très pénibles. Les veilles prolongées, les jeûnes, les fatigues causées par diverses œuvres vinrent augmenter cet état de malaise. Au commencement de l'année 1819, une maladie grave se déclara, dont les médecins étaient très effrayés. Ils assuraient que plusieurs organes étaient attaqués, et que la guérison paraissait impossible. Dieu, sans doute, réservait Pauline à d'autres tâches, car le danger disparut, mais non pas la souffrance; elle resta sujette toute sa vie à ces difficultés de respiration, à de violentes douleurs et à des sensations de brûlure dans la poitrine. La force de la volonté et l'amour de Dieu aidant, l'âme emporta longtemps le pauvre corps ruiné dans les sentiers que lui montrait le Maître.

CHAPITRE IV

LE SOU PAR SEMAINE

Depuis longtemps, nous l'avons dit, Pauline s'était intéressée aux missions : c'était là une des formes que prenait son zèle pour le salut des âmes. Elle exhortait ses chères Réparatrices du cœur de Jésus à prier pour les missionnaires ; elle faisait faire des quêtes et s'imposait des privations pour augmenter le petit trésor qu'on amassait. Son frère Philéas, tout en faisant sa théologie à Saint-Sulpice, tout en mettant son cœur et son zèle aux catéchismes dont il était chargé, s'intéressait toujours aux prêtres dévoués qui portent la foi aux infidèles et dont il espérait un jour faire partie. Il envoyait à Pauline beaucoup de lettres provenant de ces ouvriers du Seigneur, relatant les difficultés de leur tâche et le malheur de leurs pauvres païens. Celle-ci les communiquait à ses chères Réparatrices, que Philéas appelait son bataillon sacré, afin d'exciter leur zèle pour la prière et pour l'aumône. Elle envoyait ces aumônes, celles de quelques personnes plus fortunées et ses propres économies, à son frère qui les remettait au séminaire des Missions étrangères de la rue du Bac ; mais, gémissant sur l'insuffisance de ces secours, elle priait Dieu de lui faire trouver un moyen plus fructueux d'aider ses chères missions. Le moment approchait où Dieu allait exaucer cette prière selon son cœur, et où, après avoir rempli l'apostolat que toute âme chrétienne doit exercer dans sa famille et autour d'elle, Pauline allait participer, en les facilitant, aux travaux lointains des apôtres de l'Evangile.

On eût dit que Philéas avait le pressentiment de ce que Dieu devait faire par l'intermédiaire de sa sœur, car il lui écrivait à propos de secours reçus : « C'est beaucoup ; ce n'est pas assez. Il faudrait trouver le moyen de généraliser, de régulariser les dons. Prie beaucoup. Si tu écoutes humblement et amoureusement le cœur de Jésus-Christ, il t'inspirera ». Il lui racontait en même temps que dans certains pays, avec quatre-vingt-deux francs, on nourrissait un catéchiste pendant une année, et que ce catéchiste pouvait baptiser jusqu'à deux mille cinq cents enfants en danger de mort. Certes ! la somme n'était pas forte si on la comparait au résultat obtenu, et il y avait là de quoi tenter un cœur qui désirait envoyer beaucoup d'âmes au ciel.

Un soir (il est probable que c'était en 1819), dans le salon de ses parents où presque tous les membres de la famille jouaient au boston, Pauline était restée pensive au coin du feu. Tout à coup passa dans son esprit, comme un éclair qui sillonne le ciel, l'organisation d'annuités recueillies par dizaines, de dizaines collationnées entre les mains de collecteurs de cent et de mille. Avec une organisation semblable et un sou par semaine, on pouvait réunir des sommes importantes. Pauline saisit sur la table de jeu une carte mise au rebut, et, de peur de voir sa pensée lui échapper, elle traça au crayon le plan qu'elle venait de concevoir.

Sans doute les grandes pensées viennent de Dieu ; par nous-mêmes nous ne pouvons et nous ne sommes rien. Il n'en est pas moins honorable à toute créature d'être choisie par Dieu pour l'instrument de ses desseins si elle s'y prête docilement, si elle cherche en tout sa gloire et sa volonté. Trois années durant, Pauline mit en œuvre dans son entourage et d'une manière privée le plan qu'elle avait conçu ; au bout de ce temps, l'œuvre, adoptée par d'autres, fut régulièrement établie avec un centre et des collecteurs diocésains ; elle s'étendit peu à peu dans toute l'Eglise de Jésus-Christ, et devint bientôt ce qu'elle est aujourd'hui : la providence et le soutien de millions d'ouvriers apostoliques.

Le directeur de Pauline ne s'y trompa point. Lorsqu'elle lui exposa le projet qu'elle avait en tête : « Mon enfant, lui répondit-il, vous êtes trop bête pour avoir inventé ce plan. Evidemment il vient de Dieu. Aussi, non seulement je vous permets, mais je vous engage fortement à le mettre à exécution ».

Elle écrivit à son frère et reçut de lui et des ecclésiastiques, ses amis, de grands encouragements. Elle commença donc à enrôler ses Réparatrices de Saint-Vallier et d'autres ouvrières de Saint-Polycarpe dont elle s'occupait aussi, d'après le conseil de M. Gourdiat ; puis les amis et les connaissances de sa famille. Mais l'œuvre de Dieu ne s'accomplit jamais sans traverses. Un vicaire d'une des paroisses de Lyon fit tout-à-coup remarquer à la pieuse fille que son œuvre, non autorisée par l'archevêché, était une chose illicite. Le siège de Lyon était alors vacant et administré par les grands vicaires. Toute troublée, elle qui aimait tant l'Eglise, Pauline écrivit aussitôt à l'un de ces grands vicaires, M. Courbon : « Effrayée d'avoir fondé sans votre autorisation une œuvre pour les missions étrangères, je viens vous faire mes excuses et vous dire que si vous la désapprouvez, j'en dissoudrai l'organisation sans retard ». M. Courbon lui fit répondre de garder ce qui existait, mais de ne pas l'augmenter. Pauline fit part de cette réponse à l'abbé Gourdiat, son confesseur. « Probablement, dit celui-ci, M. Courbon ne s'est pas suffisamment rendu compte de votre but. Moi qui suis grand vicaire aussi, je veux que vous étendiez l'œuvre de la Propagation de la foi, et je me charge de tout vis-à-vis de mon confrère. Recueillez le plus d'argent que vous pourrez et apportez-le moi. Je le ferai passer à Paris. Soyez bien tranquille et ne vous inquiétez que de recevoir le plus possible ».

Ce fut donc entre les mains de M. Gourdiat que pendant quelque temps se centralisèrent les collectes. Il était le trésorier de l'œuvre, l'intermédiaire entre la fondatrice et le supérieur des Missions étrangères de Paris. Pauline était fortement encouragée par son autre directeur, l'abbé Wurtz. Elle était aidée aussi par M. Girodon qui, entré plus tard dans les Ordres, se trouvait alors employé dans la maison de commerce d'Antoine Jaricot ; par Mlle Gilot, une des ouvrières en soierie avec lesquelles elle était en relations ; par un oncle de celle-ci, chez qui elle demeurait : M. Démoras, homme d'une grande vertu, qui recruta les trois premières dizaines formées en dehors de la famille Jaricot.

Philéas, en félicitant sa sœur d'être choisie par Dieu pour coopérer à son œuvre, se souvenait que cet honneur ne va jamais sans la croix. Après lui avoir parlé des premières difficultés éprouvées, il ajoute : « Notre-Seigneur a détaché pour toi une épine de sa couronne ; pare-toi de cet ornement, car il est plus précieux que les diamants des couronnes royales.... Bientôt, ce ne sera plus une seule épine, mais sa couronne tout entière qu'il mettra sur ton front... Plus tard, il te donnera ses clous..., sa croix. Ah ! que pourra-t-il donner encore, le grand roi, à sa petite épouse ? Rien, car son diadème et son sceptre, c'est tout ce qu'il possède en dehors de lui. Mais en lui, que de richesses ! Fidélité ! fidélité constante ! et ces richesses te seront prodiguées, Jésus-Christ te couvrira de son sang comme d'une pourpre éclatante ; il te donnera ses plaies, son cœur... Puis, c'est tout !... Je ne sais plus rien après parce qu'en donnant son cœur, il donne tout ce que son cœur a aimé ».

Cette lettre, datée du 1ᵉʳ février 1820, suppose que l'œuvre de la Propagation de la foi existait au moins depuis 1819.

Philéas ne se trompait pas dans ses pronostics. Furieux sans doute de voir qu'on allait arracher plus d'âmes à son empire, Satan mit tout en œuvre pour arrêter les projets de Pauline ou la décourager, car de véritables tempêtes s'élevèrent autour d'elle dès que les dizaines de la Propagation de la foi, sortant du cercle des intimes, s'étendirent dans le public. On insinua qu'un tel projet était bien présomptueux de la part d'une toute jeune fille, qu'il dénotait un orgueil effroyable ; ceux-ci lui disaient qu'elle ferait mieux de suivre la voie commune et de songer seulement à son salut sans s'inquiéter des autres ; ceux-là voyaient dans l'entreprise nouvelle un rêve de dévote, qui tomberait de lui-même ; des esprits plus malintentionnés accusèrent Pauline de faire un schisme dans l'Eglise.

Persuadée que son idée venait de Dieu, forte de l'approbation de ses directeurs, Pauline laissait dire et restait dans la paix. Les sympathies nombreuses que trouvait son œuvre dans d'autres milieux, la consolaient des accusations portées contre elle. Une seule lui déchirait le cœur : c'était celle de vouloir faire un schisme. Aussi conjurait-elle son frère de soumettre au souverain Pontife le plan de la Propagation de la foi. Sur la demande de Philéas, le supérieur de Saint-Sulpice et celui des Missions étrangères, qui étaient tous deux favorables à l'œuvre, le firent en effet parvenir à la cour de Rome. Après un examen qui demanda un certain temps, Pie VII approuva dans toute son étendue l'organisation de l'œuvre, lui souhaita de « croître et se multiplier », et envoya sa bénédiction paternelle à la courageuse enfant qui l'avait entreprise.

Lorsqu'on apprit cette nouvelle, les choses changèrent de face; l'ennemi cependant ne laissa point de se venger de celle qui triomphait de lui. Un grand enthousiasme succéda dans les esprits au dénigrement que l'on s'était permis; mais alors quelques personnes, prenant leurs désirs pour des réalités ou se basant sur une légère coopération apportée, se prétendirent elles-mêmes les fondatrices et les instigatrices de cette œuvre magnifique. Il n'y a pas quarante ans, celle qui fut pour Pauline-Marie une amie et une consolatrice dans les dernières années de sa vie, celle qui fut son premier biographe et restera le plus complet, Mlle Julia Maurin, faisant un séjour à Lyon, rencontra encore trois de ces fondateurs gardant la conviction que chacun d'eux en particulier avait été l'instrument de Dieu dans cette fondation. On voulait ravir à Pauline la gloire de son œuvre; mais peu lui importait! Pourvu que le travail se fît dans la vigne du Seigneur, le nom des ouvriers lui paraissait peu de chose.

Un étranger, qui se disait envoyé par Mgr Dubourg, évêque de la Louisiane, pour les besoins des missions, organisa une commission et une direction entre les mains desquelles on devait déposer les aumônes; mais cet homme abusa de la confiance que son habileté lui avait attirée; il avait déjà fait tort à l'œuvre lorsqu'une lettre de Mgr Dubourg dévoila ses intrigues. Il ne tarda pas du reste à rendre ses comptes à la justice de Dieu.

L'organisation qu'il avait créée subsista et on fit dater du 3 mai 1822 la fondation officielle de l'œuvre de la Propagation de la foi. On peut dire que ce fut seulement son émancipation, car il y avait à peu près trois ans que Pauline s'en occupait d'une manière privée, et c'est à elle qu'avait été donnée l'approbation pontificale. A partir de ce moment elle se tint dans l'ombre, sans revendiquer son titre de fondatrice, sentant bien que ceux-là mêmes qui donnent l'impulsion, deviennent parfois une pierre d'achoppement pour la faiblesse humaine, et doivent s'effacer devant leur propre ouvrage.

Un homme éminent, le cardinal Villecourt, alors aumônier de l'hospice de la Charité, à Lyon, et intimement lié avec la famille Jaricot, a rendu plus tard, alors qu'il était devenu prince de l'Eglise romaine, un témoignage éclatant à la vérité, en racontant les menées dont il avait été témoin. Nous citerons une seule phrase de son plaidoyer : « Dieu, dit-il, bénit ce projet qu'il avait lui-même inspiré à M{}^{lle} Jaricot ».

Un autre évêque, Mgr David, qui occupa le siège diocésain de Saint-Brieuc et Tréguier, éleva aussi plus tard sa voix en faveur de la justice. Tout enfant, il avait vu à Lyon sa mère, M{}^{me} David, et après elle sa sœur, M{}^{lle} Sophie David, venir en aide à M{}^{lle} Jaricot pour les dizaines de la Propagation de la foi dès les premiers temps de leur organisation, et avant que l'œuvre eût rien d'officiel et de public. Il avait fait ses études aux Chartreux et avait donc pu suivre de l'œil les débuts et le développement de l'œuvre. C'est en 1883 que, sollicité par l'historien de Pauline-Marie Jaricot, de lui donner son avis, il témoigne en faveur de la véracité de sa parole. Sa sœur, M{}^{lle} Sophie, morte en 1854, avait voulu, elle aussi, membre actif de la première heure, laisser un monument de sa conviction, et peu de jours avant de mourir, elle avait dicté les lignes suivantes à Madame David, sa belle-sœur : « Je voudrais faire connaître la vérité au sujet de la Propagation de la foi. J'avais quantité de lettres qui prouvaient l'authenticité de la fondation par M{}^{lle} Pauline-Marie Jaricot, lesquelles pièces M{}^{lle} Jaricot m'a fait brûler par humilité, en me disant : « Cette œuvre n'existait « pas ; elle existe maintenant ; c'est tout ce qu'il faut ;

« il n'est pas nécessaire de parler de l'instrument
« dont Dieu s'est servi pour la fonder ».

Cette déclaration de Mlle David confiée après la mort de la sainte fille au R. P. Huguet, de la société de Marie, fut reproduite par lui dans son ouvrage intitulé : *Dévotion à Marie*.

Bien que la gloire de Dieu seul importe en toutes choses, on doit donc à la vérité de laisser tomber les diverses légendes que les petites passions humaines ont semées depuis trois quarts de siècle autour de cette fondation.

CHAPITRE V

VIE INTÉRIEURE. — LE ROSAIRE VIVANT

Ce fut en mai 1822 que Philéas Jaricot reçut les saints ordres. Dire l'ardeur dont brûlait ce cœur d'apôtre est impossible. Un mot de lui en donnera l'idée. De Paris à Lyon le voyage était long alors. Voici ce qu'il écrit à sa plus jeune sœur la veille de son ordination : « Je ne puis dire ma première messe à Lyon, chère Pauline, puisqu'il me faudrait, outre l'interruption de mes études, me priver ou plutôt priver l'Eglise et Dieu même de l'offrande du divin sacrifice pendant les trois ou quatre jours du voyage. Quelle que soit mon affection pour ma famille, l'honneur de Dieu, la joie de la sainte Eglise qui me fait son prêtre doivent passer avant tout. Mais vous n'y perdrez rien ; croyez-le, et pardonnez-moi mon apparente sévérité. Ce sera je pense parmi mes chers enfants du catéchisme que j'offrirai la première fois le divin sacrifice. Mon Sauveur aimait tant les enfants... Adieu, Pauline; dimanche 21 courant, de neuf heures et demie à dix heures je serai à l'autel ».

Nouveau retard quand arrivèrent les vacances. Philéas faisait avant de venir à Collonges une retraite dans un monastère de Chambéry afin de bien connaître la volonté de Dieu. Il arriva enfin et fut reçu par tous avec un respect attendri et un indicible bonheur. Son rêve était toujours les missions, mais les austérités l'avaient usé; ses supérieurs déclarèrent une telle vie impossible pour lui. Sa famille désirait qu'il restât à Lyon; il mit comme condition à ce séjour qu'il se consacrerait exclusivement aux petits et aux pauvres, et il fut nommé premier aumônier de l'Hôtel-Dieu.

Il y avait là une tâche immense à remplir et un grand bien à faire. Il y avait non seulement des secours spirituels à donner aux malades, mais des réformes à opérer parmi le personnel hospitalier. A la faveur de la Révolution des abus s'étaient introduits. Un certain nombre de sœurs entrées là sans vocation, gâtaient les autres et compromettaient l'œuvre de Dieu. Philéas établit un noviciat régulier, et s'appliqua à la formation religieuse des jeunes sujets. La charité et le zèle qu'il déploya dans cet établissement, y ont fait longtemps bénir sa mémoire. Pauline continuait alors à rendre mille petits services aux malades de l'Hôtel-Dieu, et, de concert avec ses sœurs elle remettait à Philéas leurs économies collectives pour les aumônes qu'il pouvait avoir à faire. En lui écrivant à propos de cela, elle révèle dans une de ses lettres cette vocation spéciale que Dieu envoie à quelques âmes et qui consiste à se prêter selon son bon plaisir à toutes les nécessités qui se présentent.

« Il est bon, mon cher Philéas, dit-elle, que je vous prévienne d'une chose, c'est que ma vocation n'est pas de me donner tellement à une œuvre que j'oublie tout le reste pour m'en occuper. Non! je suis aux ordres de tous les serviteurs de Dieu et je [dois aller là où est le plus grand besoin. Si donc il arrivait que notre commun Maître bénissant vos desseins, vous envoyât dans la suite par d'autres personnes des ressources suffisantes, alors, sans que l'union de nos âmes en souffrît la moindre altération, vous trouveriez bon que je portasse mes ressources là où il y aurait une plus grande nécessité ou une plus grande consolation pour la sainte Eglise. »

Pauline était donc aux ordres de Dieu et de ses serviteurs pour toutes les besognes qu'il plaisait au Seigneur de lui indiquer ; malades, nécessiteux, pécheurs à convertir, missions à soutenir, elle acceptait tout et ne choisissait rien. Ce qui le prouve, c'est la soumission complète qu'elle montra quand il lui fallut abandonner tout cela. Pris de compassion pour sa santé ruinée par ces œuvres multiples ; voulant d'un autre côté mettre un frein à la dissipation intérieure qu'entraîne toujours cette action au dehors ; désirant surtout répondre aux vues de Dieu sur Pauline en l'amenant à mourir complètement à elle-même, son guide lui interdit pendant un certain temps toutes les œuvres extérieures. Cela dura quatre années, de 1822 à 1826.

Dieu bénit la docilité avec laquelle elle se soumit, car son âme prit dans l'oraison un essor incomparable ; elle arriva à un haut degré d'union avec Dieu ; elle se sentit tellement blessée des flèches du divin amour qu'elle souffrait affreusement de ne rien pouvoir pour prouver cet amour à Jésus, et qu'elle s'offrait constamment en victime, consentant d'avance aux plus pénibles immolations pour réparer les outrages faits à la divinité. Inondée d'une lumière céleste, elle comprenait la cause des maux qui menaçaient la France, et les châtiments par lesquels Dieu allait venger sa justice. Aussi ne s'étonnait-elle pas de souffrir de grandes peines intérieures, des désolations, des tentations de désespoir, quand elle pensait à l'audace croissante de l'impiété. La voix qu'elle entendait dans le fond de son cœur lui avait dit un jour : « Tu souffriras avec moi et comme moi pour le salut de tes frères. » « Depuis que je m'étais offerte en victime, écrit-elle dans ses cahiers de notes, Jésus n'était plus pour moi l'ami indulgent qui m'avait favorisée de si grandes douceurs aux premiers jours de ma conversion. Il était devenu le Roi des douleurs, formant son épouse aux habitudes de sa cour. Il m'instruisait dans ses voies, me pressant de marcher après lui, pour arriver à l'heure prescrite au sommet du Calvaire, où je devais contracter avec l'Epoux crucifié des noces sanglantes après lesquelles, malgré tout, la foi me faisait soupirer. »

En même temps que les peines intérieures, d'étranges maladies fondirent sur Pauline et mirent fréquemment sa vie en danger. Les médecins avouaient ne rien comprendre à la prolongation de son existence, étant donné spécialement ce qu'elle souffrait du côté du cœur.

C'était donc chez elle une lutte incessante entre la justice divine qui ne peut jamais perdre ses droits et la victime qui s'offrait à ses coups; dans l'être même de Pauline, entre une volonté qui désirait s'unir à la croix du Rédempteur, et une nature vivace qui instinctivement repoussait la souffrance.

La plus grande épreuve consistait certainement dans les ténèbres intérieures qui l'envahissaient parfois. Elle se croyait alors rejetée de Dieu, et son cœur désolé ne savait plus s'il était au monde ou à Jésus-Christ. Elle passait de longues heures dans l'église de Fourvière, acceptant le calice quel qu'il fût, et priant pour que l'impiété grandissante arrêtât enfin sa marche dans les âmes.

Car les temps redevenaient mauvais. Les revues et les journaux prêchaient l'incrédulité, discréditaient la religion. L'abbé Wurtz avait publié pour enrayer le mal quelques brochures à la rédaction desquelles Pauline ne fut pas étrangère. Les sociétés secrètes firent pleuvoir les calomnies sur la tête de cet apôtre; son poste lui fut retiré. M. Jaricot offrit alors, à cet homme qui trente années durant avait semé des bienfaits autour de lui, un asile pour cacher sa détresse. « Mon chez-moi, lui dit-il, sera votre chez-vous ; je serais fier et heureux si vous daignez l'accepter. »

Pauline eut donc la consolation de soigner à Collonges ce digne prêtre de Jésus-Christ, de le servir dans ses infirmités. Sa résignation admirable, sa soumission envers ceux de ses supérieurs qui s'étaient laissé circonvenir et contre qui il ne se permit pas la moindre plainte, furent encore une édification pour elle. Mais la persécution ne se lassa point, et le pauvre abbé dut même s'éloigner quelque temps de Collonges.

Le jubilé publié en 1825 par Léon XII réveilla un moment la foi dans les âmes par les prédications qui furent faites, et un certain élan se produisit dans le monde religieux. La franc-maçonnerie furieuse redoubla ses blasphèmes ; elle cherchait par tous les moyens à saper les bases de la religion et à démoraliser le peuple. Pauline eut plus d'une fois recours à ses *Réparatrices* de Saint-Vallier pour leur demander des quarantaines de pénitence, c'est-à-dire quarante personnes jeûnant chacune un jour, et joignant à ce jeûne une aumône et une visite au saint Sacrement. La tristesse qu'elle éprouvait des maux de son pays lui suggéra une autre idée. Elle savait les effets merveilleux de la prière enseignée par la Vierge à saint Dominique et les miracles accomplis par la pratique du Rosaire. Elle-même avouait que la méditation des mystères du Rosaire avait dégoûté son esprit des raisonnements de la sagesse humaine. Elle espéra en proposant cet exercice sous une forme nouvelle en faire reprendre l'habitude par un grand nombre de personnes. L'abbé Wurtz formait en ce moment une petite société qui avait pour but de répandre de bons livres et des objets de piété; elle profita des groupes formés dans cette intention et demanda aux personnes qui les composaient, de se partager entre quinze associés les quinze dizaines du Rosaire. On ne pouvait plus prétexter la longueur de la prière, le temps à y donner; une dizaine, c'était peu de chose; mais des milliers de voix se reprenant sans cesse et recommençant chaque jour, devaient à la longue émouvoir le cœur de Dieu. Beaucoup en effet s'engagèrent à faire ce qui leur était demandé. L'association fut nommée le *Rosaire vivant*, et pour qu'un esprit de famille régnât parmi les membres, une réunion mensuelle fut décidée pour les conseillères de l'œuvre.

Des orages semblables à ceux qui s'étaient élevés pour la propagation de la foi, grondèrent encore autour de Pauline. On la taxa d'orgueil; on l'accusa de vouloir faire du bénéfice avec les objets de piété qu'elle distribuait, de vouloir changer l'antique dévotion du Rosaire, introduire des nouveautés dans l'Eglise. Avec de la patience et de l'humilité elle triompha des obstacles. Elle soumit son plan à Mgr de Pins, administrateur du diocèse, expliqua que le but du Rosaire vivant était la prière universelle pour obtenir la conversion des pécheurs; le prélat bénit son œuvre, et l'abbé Cottet, vicaire général, présida la première réunion qui eut lieu. Pauline écrivit aussi au supérieur général des Frères Prêcheurs qui, trompé par de faux rapports, lui adressait des reproches. Les fils de saint Dominique comprirent sa pensée; ils affilièrent son œuvre à la leur, au grand bénéfice des associés du Rosaire vivant; ils n'ont cessé de témoigner à la pieuse servante de Dieu un grand dévouement pendant sa vie, de la vénération après sa mort, et, les premiers, ils ont cherché à glorifier sa mémoire. Mgr Lambruschini, nonce apostolique à Paris, qui avait été en relations avec la famille Jaricot, et portait à Pauline une paternelle affection, encouragea cette dévotion de toutes ses forces et s'en montra le zélé protecteur. Quatre ans après sa fondation le Rosaire vivant comptait des associés non seulement par toute la France, mais en Italie, en Suisse, en Belgique, en Angleterre, à Smyrne et à Constantinople, aux Indes, au Canada et dans l'Amérique du Sud. Enfin, en 1832, Grégoire XVI envoya un bref d'approbation qui établissait d'une manière régulière la confrérie du Rosaire vivant, et lui donnait Mgr Lambruschini comme protecteur officiel.

CHAPITRE VI

DEUILS SUCCESSIFS — APOSTOLAT DU ROSAIRE VIVANT — TOUJOURS L'ÉPREUVE

En 1826, la liberté d'action fut rendue à Pauline pour les œuvres extérieures, dont pendant quatre années elle avait dû se priver. Elle put revoir ses pauvres et ses malades ; mais d'un côté son état de santé devenait plus pénible ; d'un autre, de cruelles épreuves lui étaient réservées ; le vide allait se faire tout autour d'elle.

Le premier qui partit pour le ciel fut le guide éclairé et prudent qui l'avait si bien conduite dans les divers sentiers. Après avoir quitté son asile de Collonges, l'abbé Wurtz avait exercé les fonctions d'aumônier dans plusieurs couvents, au Sacré-Cœur de la Ferrandière entre autres ; sentant sa fin approcher, il demanda à revenir à Collonges, où il fut accueilli avec affection et respect. Un jour de l'année 1828, comme s'il eût reçu d'en haut de mystérieux avertissements, il donna sa montre au valet de chambre de M. Jaricot, en le remerciant de ses services ; il dit à Pauline en la voyant émue : « A vous, pauvre chère enfant, je laisse Jésus-Christ, la sainte Eglise et les âmes à servir, à aimer, et l'humilité à pratiquer ». Il lui demanda ensuite de faire à haute voix le chemin de la croix, s'unit aux prières de sa fille spirituelle en s'appuyant contre la muraille après avoir essayé en vain de se mettre à genoux, puis se dirigea lentement vers sa chambre où quelques minutes après il rendait le dernier soupir, sans agonie et sans souffrance. Voulant réparer les injustices passées, Mgr de Pins venait de le rappeler à son poste de Saint-Nizier ; Dieu, l'éternel rémunérateur, l'appelait au repos des élus. M. Jaricot le fit inhumer à Loyasse dans son tombeau de famille. Si chrétien que fût le chagrin de Pauline, il fut grand, car l'abbé Wurtz, après avoir affranchi son âme des liens du siècle, avait été son soutien dans ses tribulations.

Antoine Jaricot, frappé au cœur par la mort de son vénérable ami, tourmenté déjà par les chagrins que son fils éprouvait à l'Hôtel-Dieu, tomba dans un affaissement physique et moral dont il ne se releva plus. Son esprit était comme voilé ; il ne prenait part à rien de ce qui l'entourait ; quand ses yeux s'arrêtaient sur Pauline, c'était avec une espèce d'inquiétude comme s'il eût craint de la voir partir aussi.

Ce n'était pas elle qui devait le quitter la première. Philéas, entré à trente ans à l'Hôtel-Dieu, n'y avait encore passé que trois années, et ce laps de temps avait suffi pour consumer ses forces. Il y avait les peines et les veilles : quand un mourant refusait les sacrements et menaçait de paraître sans préparation devant Dieu, Philéas avertissait d'abord sa sœur, puis, pendant que celle-ci demeurait prosternée au pied du tabernacle, lui veillait jour et nuit auprès du malheureux, arrachant au ciel par ses prières et ses austérités la grâce de la conversion. Il y avait aussi l'opposition systématique que trouvaient ses réformes auprès de quelques esprits imprégnés des anciens abus.

D'un côté il voulait maintenir son noyau de nouvelles religieuses, plus régulièrement formées ; d'un autre, l'administration des hospices, si admirable et si renommée en d'autres temps, avait subi aussi pendant la tempête une épreuve momentanée, et il sollicitait de ses membres, un peu insouciants, un régime large et salutaire pour les pauvres malades. Le mauvais vouloir qu'il trouva dans certains esprits, les calomnies dont on l'accabla, les obstacles qu'on lui opposa furent tels que, lorsqu'il tomba malade, le bruit courut qu'on l'avait empoisonné. Lui ne parla jamais de cette éventualité. Sauvé une première fois d'un danger qui avait paru immédiat, il languit quelques mois dans de grandes souffrances, et rendit son âme à Dieu le 8 février 1829, à l'âge de trente-trois ans, offrant sa mort pour le salut des âmes, et demandant à Pauline d'être la Providence de ses chères novices et de ses pauvres malades. Il avait demandé d'être enterré, non à Loyasse dans la sépulture de la famille, mais à la Madeleine, au milieu de ses pauvres.

Antoine Jaricot parut retrouver devant le corps inanimé de son fils un éclair d'intelligence qui disparut presque aussitôt. Il se tourna vers Pauline et lui dit tristement : « Ma fille, les pauvres de l'hôpital répandront aujourd'hui bien des larmes ».

C'était là encore pour Pauline un coup bien douloureux. Depuis son enfance, son frère avait été pour elle un ami, un compagnon ; cet ami était devenu par la grâce de Dieu un soutien, un guide, un réconfort; et quand ses autres appuis manquaient déjà, celui-là était aussi enlevé; il fallait bien étreindre son cœur à deux mains pour dire le *Fiat* demandé. « Pourquoi suis-je seule, ô mon Dieu? écrit-elle alors dans ses notes. Seule! quand, soit pour vivre, soit pour mourir, j'ai tant besoin d'être soutenue... Dans le bouleversement de mes pensées, j'eus recours à la prière et je me réfugiai auprès du Consolateur qui réside dans l'Eucharistie. D'abord les cris de la nature broyée m'empêchèrent d'entendre la douce voix de Jésus; mais peu à peu la tempête se calma, et si je souffris encore bien longtemps de me trouver seule du côté de la terre, je vous aperçus tout près de moi, ô mon céleste et unique soutien... Je compris enfin que nulle créature, quelle qu'elle soit, n'est nécessaire à l'accomplissement des desseins de la Providence sur les peuples ou les individus; que Dieu est tout, que seul il peut tout, et sans le secours de personne ».

Les deuils n'étaient pas finis là. Depuis longtemps Pauline n'était pas allée à Saint-Vallier, retenue à Collonges par les soins à donner à son père. Les lettres de Mme Chartron devenaient rares. On attribuait ce silence aux occupations nombreuses que lui créaient ses sept enfants, dont l'aîné avait treize ans, et le dernier, quelques mois. Un jour Pauline reçut de sa sœur le billet suivant : « Je t'attends avec impatience, chère petite sœur; viens aussi promptement que possible pour m'aider à bien mourir ».

Pauline, malade elle-même à ce moment, partit néanmoins. Elle crut d'abord à une illusion, car en arrivant à la maison de M. Chartron, elle trouva les serviteurs aussi joyeux que d'habitude; et, d'un côté, on entendait le babil et les jeux des enfants; de l'autre, les sons du piano : Mme Chartron donnait une leçon de musique à l'un de ses fils tout en tenant son dernier-né sur ses genoux. Le danger cependant n'était point une illusion ; Marie-Lorette s'en allait, minée par une anémie implacable, mais la sainte femme avait fait effort sur elle jusqu'au dernier moment pour ne point inquiéter son mari, contrister ses enfants. Elle ne tarda pas à s'aliter; elle pria sa sœur de l'aider à paraître devant Dieu, et Pauline eut en même temps à faire accepter la croix à un époux terrifié, à consoler de pauvres chérubins qui réclamaient leur mère. « Maman, ma chère maman, s'écriait l'aîné lorsqu'on les amena tous autour d'elle afin qu'elle les bénît, pourquoi nous dites-vous adieu?... Nous ne voulons pas vous quitter... » Les plus petits avaient été déposés sur la couche de la mourante ; les plus grands étaient debout à son chevet ; c'était un navrant spectacle. « Mes bien-aimés, dit la mère, il faut qu'on vous emmène; je ne dois plus penser qu'à Dieu seul ». Elle offrit ce sacrifice à Dieu; puis, se tournant vers ses sœurs : « Pauline, dit-elle, je te charge de prier pour eux, et toi, Sophie, tu seras leur seconde mère ». Après s'être fait lire la passion du Sauveur et l'avoir attentivement écoutée, elle baisa son crucifix en disant : « O croix, mon unique espérance, sois la consolation de ceux que je laisse en ce monde ». Ce furent ses dernières paroles. Elle rendit son âme à Dieu; elle avait alors trente-cinq ans.

Tout en portant le poids de ces épreuves, tout en souffrant elle-même de douleurs physiques qui devenaient de plus en plus fréquentes, il ne fallait pas que Pauline se laissât abattre et arrêter, car l'œuvre du Seigneur la réclamait aussi. Sans guide véritable maintenant au point de vue humain, elle se sentait dirigée par le cœur même du divin Maître. Sa voix divine, affirme-t-elle dans ses écrits, répondait à mes questions, éclaircissait mes doutes, me reprochait mes infidélités, et me parlait des châtiments dont la France était menacée.

Cette voix lui commanda d'avertir les fidèles que la justice divine était près de sévir, afin qu'ils l'apaisassent par leurs prières et leurs sacrifices. Pour obéir à ces inspirations, elle écrivait le jour ou la nuit, autant que ses forces le lui permettaient, des exhortations qu'elle adressait aux Conseillères du Rosaire vivant. Ces petites feuilles, lithographiées à Lyon, portaient ensuite au loin, dans la France entière, en Chine, en Amérique, aux Indes, des appels à la prière, des cris de détresse et de foi, et des élans d'amour. D'ardentes supplications y répondaient de partout, fruits bénis de cette pieuse correspondance.

Le démon suscita des embûches à cet humble apostolat. Quelques lettres intimes dans lesquelles Pauline avait exposé à son ancien directeur l'abbé Wurtz, les lumières reçues dans l'oraison, étant tombées on ne sait comment entre les mains de personnes malveillantes, on se moqua des prétendues révélations de Pauline, on incrimina sa correspondance lointaine, inconvenante pour une femme, disait-on ; on osa demander à l'administration diocésaine de lui interdire toute communication avec les zélatrices du Rosaire vivant. Mgr de Pins fit examiner par des théologiens compétents les lettres dont il était question ; convaincu par cet examen, édifié par la soumission de Pauline qui se déclarait prête à accepter toutes ses décisions, il ne put que bénir Dieu des grâces accordées par lui à sa servante, et laisser la liberté à celle-ci de continuer l'humble apostolat qu'elle exerçait.

Une persécution sourde continua dans l'ombre ; mille coups d'épingle étaient portés journellement à la sainte fille par l'ignorance ou la mauvaise foi ; elle acceptait ces humiliations comme un contre-poids à sa fierté naturelle, et se consolait de l'ingratitude des hommes dans le cœur de Jésus. Ce cœur était de sa part l'objet d'un culte tout particulier et d'une confiance sans bornes. Elle l'étudiait comme un incomparable modèle de charité ; elle contemplait avec amour les images qui le représentaient ; elle ne parlait ou n'écrivait presque jamais sans rappeler le souvenir de cette fontaine d'amour et de miséricorde. « Tout est là, disait-elle, et tout est là pour tous. »

CHAPITRE VII

LES JOURNÉES DE JUILLET. — NAZARETH. L'INSURRECTION DE 1831.

L'heure approchait où la justice divine allait sévir, car, de quelque côté que soient le droit et la raison, la guerre civile, le massacre des frères par des frères, est toujours un fléau.

On était en 1830, et l'horizon politique était chargé d'orages ; aussi Pauline veillait-elle avec plus d'ardeur au pied du Tabernacle. Je m'efforçais, écrit-elle, de m'abîmer de plus en plus dans mon néant, pour que rien ne mît obstacle à la faveur suprême qui était l'objet de mon attente et de mes prières : le martyre dont la soif me consumait ».

Trois jours durant, le peuple en délire se battit dans les rues. Pauline passa ces trois jours et ces trois nuits presque entièrement dans la chapelle de Fourvière, repassant en son cœur les blasphèmes vomis contre Dieu par les impies, la dérision et l'ironie que la fausse philosophie jetait à la face du Christ comme autrefois la foule en jetait sous la croix. Elle faisait amende honorable pour ces impiétés, et s'efforçait d'apaiser la colère de Dieu. Un peu de pain et d'eau fut sa seule nourriture pendant ce laps de temps ; et elle se trouvait déjà minée par une maladie intérieure qui lui causait de grandes souffrances. Les vociférations du peuple, le cliquetis des armes, le bruit des barricades s'élevaient de la ville jusque sur la place même de Fourvière ; le canon retentissait au loin. Beaucoup de personnes fuyaient, se demandant jusqu'où iraient les excès de ceux qui voulaient, non seulement renverser les trônes de la terre, mais arracher à Dieu son sceptre souverain. On vint proposer à Pauline de l'aider à quitter la ville. Elle refusa. Le salut des âmes était en péril ; les ministres de l'Eglise outragés, menacés ; sa sûreté personnelle importait peu devant de tels dangers ; elle insista même pour rester durant la nuit dans le sanctuaire, malgré les fureurs révolutionnaires et les menaces des impies.

Après s'être emparés pendant ces trois jours des postes les plus importants, avoir pris d'assaut les arsenaux et l'hôtel de ville, avoir dépavé les rues pour faire des barricades avec les pavés, et transporté des pierres sur les toits pour assommer les passants ; après des perquisitions faites dans des maisons religieuses, sous prétexte de découvrir des armes cachées, en réalité pour y porter le trouble, l'émeute se calma enfin, n'ayant abouti qu'à un changement de drapeau et de gouvernement. Peu de sang avait été versé, si ce n'est celui de quelques malfaiteurs qu'on avait fusillés. Pauline bénit Dieu de l'accalmie qui succéda à la tempête, mais elle avait cru être massacrée dans l'église : elle regrettait le martyre entrevu. Dieu ne devait pas lui accorder l'auréole d'un pareil triomphe : il lui réservait une immolation cachée, d'autant plus méritoire qu'elle devait être plus prolongée. Un signe lui fut donné des intentions divines. Un matin qu'elle montait péniblement la rampe des Chazeaux pour se rendre à Fourvière, elle sentit une main s'appuyer sur son épaule comme pour l'arrêter étonnée, elle regarde et voit d'une manière très distincte l'abbé Wurtz tel qu'il était de son vivant, quoique avec un visage empreint d'une plus sévère majesté. L'identité était telle que, comme si elle l'eût vu la veille sur cette terre, Pauline s'écria : « Eh bien ! mon Père, quand donc serai-je immolée pour le salut des âmes ? » L'habitant des sphères célestes lui dit doucement, mais avec le ton du reproche : « Pauline, mon enfant, est-ce que le martyre du cœur ne vous suffit pas ? » Puis la vision disparut.

Ce martyre du cœur ne devait pas être le seul, car la santé de Pauline était cruellement éprouvée, et, de temps en temps, des crises plus graves se déclarant, changeaient la maladie chronique en un danger imminent. Une de ces crises survint peu après l'apparition que nous venons de rapporter. Le neveu de Pauline, M. Perrin, dit que sa tante expectorait le foie. Elle ne pouvait prendre aucune nourriture, pas même quelques gouttes d'eau. Une fièvre putride se joignit aux lésions du foie et du cœur. La malade était à toute extrémité. Se croyant près de paraître devant Dieu, elle désira mourir à l'ombre de son cher sanctuaire de Fourvière ; les religieuses Saint-Charles la reçurent chez elles et la logèrent dans une chambre attenante à la chapelle où demeurait le saint Sacrement. Pendant trois mois, au grand étonnement de tous, Pauline fut entre la vie et la mort, soutenue presque uniquement par la sainte Eucharistie qu'elle recevait chaque matin quand son état le permettait.

Le jour de l'Assomption, M. Bettemps, directeur du Rosaire vivant, vint la voir en sortant de Fourvières, où il avait célébré le saint sacrifice. La veille, il l'avait visitée déjà et avait fait cette prière à Marie : « Vierge sainte, puisque c'est demain le jour de votre triomphe, je vous demande d'emmener avec vous au ciel celle qui vous a servie avec tant d'amour ; il est trop cruel de la voir souffrir comme elle souffre ». Ce jour-là, chose étrange ! le cours de ses idées avait changé ; il avait dit à la Bonne Mère : « Puisque votre divin Fils m'obéit quand je prononce les paroles de la consécration, pourquoi ne m'exauceriez-vous pas quand je vous demande la guérison de votre fille Pauline-Marie ? Je vous en supplie ; prenez ses tortures en pitié, et rendez-lui promptement la santé ». Et en venant voir Pauline il lui ordonna de s'unir à la neuvaine que l'on commençait pour sa guérison.

Marie écouta les prières suggérées par le pieux abbé, car au bout de l'octave Pauline se trouvait assez bien pour aller lui rendre grâces dans sa chapelle de Fourvière, et pour aller remercier Mgr de Pins de l'intérêt qu'il lui avait témoigné pendant sa maladie. Elle avait fait le vœu de se rendre au tombeau de saint François Régis ; elle résolut de mettre immédiatement ce projet à exécution afin d'éviter les visites que lui aurait amenées la nouvelle de sa guérison presque miraculeuse. Et celle que l'on croyait peu de jours auparavant aux portes de la mort, put accomplir le trajet alors si pénible de Lyon à Lalouvesc.

« Le sentiment qui domina tous les autres pendant ces quelques jours de paix, écrivit-elle plus tard, fut un immense besoin de ne plus vivre que pour accomplir les desseins de Dieu, quelles que dussent être à mon égard les sévérités du bon Maître. Aussi osai-je lui dire : « Jésus-Christ, mon Epoux bien-aimé, je consens à voir se prolonger la vie que vous m'avez rendue. Mais puisque vous connaissez ma faiblesse, permettez que je mette une condition à ce bienfait ; c'est qu'il vous plaise de retrancher de mon avenir les années, les jours, les heures et jusqu'aux minutes que je ne devrais pas employer uniquement pour votre gloire ».

Après quelques jours de solitude et de recueillement Pauline rentra à Collonges. Son père seul ne put prendre aucune part à la joie que causa son retour. Le malheureux vieillard paraissait vivre dans le passé, et demandait souvent sans reconnaître sa fille : « Où est Jeanne ?... Où est Philéas ?... Où est Pauline ?... Dieu appela enfin dans la béatitude éternelle où se renouvelle toute chose cet homme de foi, ce chrétien énergique qui avait si longtemps semé autour de lui des exemples de vertu et de charité. Il mourut le 28 décembre 1830.

Cette mort procurait à Pauline une liberté plus complète. Son attrait pour la solitude avait grandi pendant sa maladie ; elle aurait voulu ne jamais quitter le pied du Tabernacle et les douceurs de l'oraison. D'un autre côté, une soif ardente de la gloire de Dieu et du salut des âmes lui faisaient désirer les œuvres extérieures. Partagée entre ces deux attraits elle alla faire une retraite à la Visitation d'Avignon où se trouvait son directeur actuel, le père Raygnault, et où peut-être elle espérait rester.

Après avoir consulté le Seigneur, ce saint religieux dit à Pauline qu'elle devait continuer à joindre ensemble la vie contemplative et la vie active ; que Dieu semblait l'avoir destinée à certaines œuvres extérieures, et que les deux tâches de Marthe et de Marie ne sont pas incompatibles quand la grâce vous soutient. Malgré son désir de repos, Pauline se soumit. Elle résolut, d'après une inspiration d'en haut, de réunir quelques personnes dévouées qui l'aideraient dans ses œuvres, surtout dans celle du Rosaire vivant.

La révolution de Juillet ayant amené de nouveaux abus dans l'administration séculière de l'Hôtel-Dieu, l'œuvre de Philéas se trouvait compromise, ses réformes remises en question, et quinze novices craignant des périls auxquels des règlements sévères ne les soustrayaient plus, quittèrent la maison. Pauline, fidèle héritière du legs de son frère, les envoya d'abord quelque temps à Lalouvesc chez les dames de la Retraite, et pourvut à tous leurs besoins; elle facilita ensuite à quelques-unes d'entre elles l'entrée dans des couvents qui répondaient à leurs aptitudes respectives; six demeurèrent à sa charge, et ce fut avec ces six qu'elle commença la petite association ou communauté nommée par elle la *Compagnie de Marie*.

Elle se logea avec elles dans une pauvre maison adossée contre la chapelle de Fourvière et située sur l'emplacement de la nouvelle église. Cette maison avait été louée par Philéas pour servir de lieu de récréation à ses chères novices, et il avait établi pour elles dans le petit clos y attenant, un chemin de la croix. C'était une demeure si pauvre que Pauline lui donna le nom de Nazareth. Elle rencontra aussi pour ses œuvres de miséricorde une autre auxiliaire, une sainte et admirable fille à qui sa candeur et sa grave réserve donnaient accès partout sans que nul osât s'en choquer, et dont le zèle avait converti nombre de pécheurs, procuré de bonnes lectures ou de saines distractions à nombre de soldats de la garnison de Lyon.

La tâche de Pauline à Nazareth n'était pas des plus faciles, car les anciennes hospitalières n'avaient pas l'éducation, le tact, la délicatesse qui la distinguaient; et souvent, malgré leur vertu, la grossièreté de leurs vues ou de leurs manières faisait souffrir Pauline. Un petit signe de croix sur ses lèvres les empêchait alors de livrer passage aux manifestations de la colère ou de l'orgueil blessé.

L'habitation choisie était petite; elle devint bientôt trop étroite pour recevoir les nombreuses relations que le Rosaire vivant et la Propagation de la foi amenaient à Pauline. Elle fit l'acquisition d'une belle propriété située à mi-côte de Fourvières et dont le clos arrivait au pied de la chapelle. En souvenir de la maison bénie de la Sainte Vierge, comme aussi en mémoire d'une sœur qu'elle avait tant aimée, Pauline donna à ce nouveau domaine le nom de *Lorette ;* elle en déposa les clefs aux pieds de la sainte Vierge pour l'en reconnaître maîtresse, et elle promit de faire graver sur la façade et sur toutes les portes : *Marie a été conçue sans péché.* Mais de grandes réparations étaient nécessaires pour mettre tout en état, pour installer une chapelle : deux années devaient s'écouler avant la prise de possession, et pendant cette période, Lyon eut encore à subir un nouvel orage politique.

Pauline entendait la messe à Fourvières le 21 novembre lorsque éclatèrent les premiers coups de feu de l'insurrection de 1831. Les agitations révolutionnaires de 1830, la concurrence étrangère avaient provoqué un chômage dans l'industrie de la soie ; les fabricants avaient abaissé le tarif des façons, et, à des salaires dérisoires succéda bientôt une misère qui poussa les ouvriers à la révolte. Pour faire droit à leurs réclamations, le préfet Bouvier-Dumollard avait fixé par décret un minimum pour les salaires, mais les fabricants ne voulurent pas l'accepter. Alors, les ouvriers de la Croix-Rousse se réunirent, descendirent en masse dans la ville ; ils arboraient des drapeaux noirs avec cette devise : Vivre en travaillant, ou mourir en combattant. Poussés du reste par les agents de la révolution ils attaquèrent la garde nationale et les troupes mêmes qu'ils repoussèrent hors des murs de la ville ; ils finirent par demeurer les maîtres de la rue et parcouraient la cité en poussant des vociférations. De nouveau Pauline espérait le martyre ; de nouveau elle fit appel aux associés du Rosaire vivant, et suppliait celle qui est la gardienne de Lyon de se souvenir de son titre et de la confiance de ses enfants.

Le général Roguet, chargé d'étouffer l'insurrection, s'était retiré en disant qu'il reviendrait bientôt, et mettrait la ville à feu et à sang. Casimir Périer envoya, en effet, pour réduire les insurgés, trente mille hommes commandés par Soult et le duc d'Orléans. Beaucoup d'habitants, redoutant une répression méritée, songeaient à s'enfuir; les troupes elles-mêmes n'étaient pas sans inquiétude en rentrant dans une ville d'où l'émeute les avait chassées. D'après les conseils de Pauline, une pieuse veuve alla semer sur la route par où elles devaient arriver, une quantité de médailles miraculeuses et de petits billets portant ces mots : *Marie a été conçue sans péché.* « Quand les bataillons, écrivit plus tard Pauline, eurent dépassé les portes, les soldats et les officiers ramassèrent d'abord avec étonnement et ensuite avec une impression douce et salutaire les médailles et les billets semés à dessein sur leur passage. Bientôt un sentiment de confiance et de mansuétude succéda au désir de la vengeance, si bien qu'en peu de temps, les esprits furent, de part et d'autre, disposés à s'entendre et à fraterniser. Il faudrait, continue-t-elle, une main plus habile que la mienne pour raconter à la gloire de la Reine immaculée les miracles de grâce accomplis par ces mots : *Marie a été conçue sans péché.* Le bruit de ces merveilles a retenti d'un bout à l'autre de notre chère ville, après les journées de novembre : conversions, préservations, apaisement, charité réciproque, etc.

« Je conserverai toujours précieusement les lettres et les billets que m'ont écrits les chefs de l'armée, réclamant des médailles pour leurs subordonnés... Aussitôt qu'une compagnie était pourvue, une autre se présentait : douze mille médailles furent distribuées à la garnison, sans compter celles qu'on répandit ailleurs. »

Lyon a toujours été, Lyon est toujours la ville de Marie. C'est par elle, en effet, que nous avons été préservés de tous les grands périls. Les soldats paraissaient subir l'influence de notre sainte protectrice, car beaucoup, avec la médaille, demandèrent des chapelets et des scapulaires; plusieurs organisèrent parmi eux des sections du Rosaire vivant. « Cela vaut gros, disaient-ils, et c'est vite fait ; bien bête qui n'en profite pas. » Le nombre de ces serviteurs de la patrie qui, après avoir prié dans le sanctuaire de la Vierge à Fourvière, passaient ensuite par la petite maison de Nazareth pour emporter des objets pieux, est incalculable.

CHAPITRE VIII

LORETTE

La colline de Fourvière, tout à l'ouest de la ville qu'elle se trouve, est en réalité le cœur et le centre de Lyon. Est-on triste, inquiet, malheureux, on se dit : Montons à Fourvière! Le Lyonnais est mal à l'aise s'il perd longtemps de vue le clocher de la sainte chapelle; et par quelque route qu'il revienne à sa ville natale, la première chose qu'il salue de loin avant de franchir les portes de la cité, c'est la statue de Marie élevée bien haut dans les airs, étendant ses mains bénissantes entre le ciel et la terre. Le sanctuaire de Marie, bâti sur l'emplacement de l'ancien forum romain, témoin des combats héroïques de milliers de martyrs dont le sang a coulé le long de la montagne, semble garder à la fois le souvenir d'un passé héroïque et le témoignage de grâces nombreuses obtenues par l'intercession de Marie, en des temps plus rapprochés. Non loin du sanctuaire, sur les flancs de la colline, on voit la prison de saint Pothin et de sainte Blandine, ainsi que le souterrain par lequel les martyrs étaient conduits à l'amphithéâtre.

Quelle joie pour Pauline d'avoir trouvé pour ses compagnes, pour ses œuvres, pour elle, une retraite sur les flancs de cette sainte montagne, et une retraite présentant d'incontestables attraits ! Le clos ombragé, complanté de beaux arbres, allait par de délicieux sentiers jusqu'aux murs de l'église. Dans ces verdoyantes allées, la solitude devait être douce et la méditation facile. La maison d'habitation, située sur le bord du chemin qui monte à Fourvière, était précédée d'une terrasse d'où l'on dominait la ville entière et le cours de ses fleuves, d'où la vue s'étendait jusqu'aux Alpes dauphinoises.

Les réparations nécessaires furent terminées en 1833, et la petite communauté des servantes de Dieu vint prendre possession de Lorette le jour de l'Assomption. On descendit par le clos processionnellement et en chantant les litanies de la sainte Vierge. Une chapelle attenante à la maison avait été préparée ; Pauline obtint de l'archevêque la permission d'y conserver la victime eucharistique ; ce fut le jour du Rosaire que le Tabernacle la reçut pour la première fois ; Pauline promit de ne laisser seul l'Hôte divin ni jour ni nuit, et l'adoration perpétuelle fut établie dans la petite communauté. Un peu après, elle obtint même de son protecteur de Rome, Mgr Lambruschini, la permission d'habiter tout près du Tabernacle ; elle se fixa alors dans une petite chambre contiguë à la chapelle et s'ouvrant tout près de l'autel.

Cet enclos qui garde le souvenir sacré d'une sainte et noble fille dont nous n'avons pas fini de dire le rôle et les malheurs, tous les Lyonnais le connaissent, tous les cœurs pieux le vénèrent ; la propriété de Lorette est celle qu'on traverse pour monter à Fourvière, si l'on passe devant la chapelle de sainte Philomème.

Il fut décidé que le sanctuaire nouvellement consacré serait l'asile du silence, et que, à l'exception de certains morceaux liturgiques, on n'y chanterait rien, l'esprit de recueillement et de prière devant être le caractère spécial de l'adoration perpétuelle. Les cantiques étaient réservés pour un petit ermitage dédié à la Vierge en un certain endroit du clos.

Il y avait peu de temps que la petite communauté était installée là lorsqu'un matin, un jeune homme pauvrement vêtu, demanda à parler à M{ui}lle{/ui} Jaricot. Comme c'était l'heure de la Messe, on pria le visiteur d'attendre dans le clos que le saint sacrifice fut achevé; puis, la personne qui l'avait introduit l'oublia. Le jeune homme s'était mis à genoux près de la porte refermée, et il priait. Lorsqu'une demi-heure après la Messe, Pauline sortit pour aller au jardin, un cri s'échappa de sa poitrine; celui qu'elle trouvait là en oraison était Pierre Perrin, son neveu, jadis son élève dans les voies de l'amour divin, aujourd'hui un fervent novice de la Compagnie de Jésus. Il faisait un pèlerinage en mendiant son pain, et se disposait à partir pour l'Orient. Ce fut à peu près de la même façon qu'il se présenta chez sa mère, où les domestiques le prenant pour un pauvre, le firent attendre dans l'antichambre. Quand l'heureux novice eut reçu les épanchements et les tendresses de sa famille; quand, avec sa tante et sa mère, ils se furent donné rendez-vous dans la volonté de Celui à la gloire duquel il allait travailler, il s'embarqua pour les Indes. M{ui}me{/ui} Perrin l'avait accompagné jusque sur le vaisseau même qui l'emportait. Au moment où il fallut se séparer parce que l'ancre allait être levée, tous deux se donnèrent une mutuelle bénédiction. La mère et le fils ne devaient se retrouver qu'au ciel.

Revenons à Pauline et à sa retraite de Lorette. Elle était heureuse sans doute de l'admirable situation de cette demeure et des agréments qu'on y trouvait;

mais, sans compter qu'elle avait peu le temps d'en jouir, le but qu'elle se proposait était plus élevé. Ce but était d'avoir sur la colline même de la Vierge, une maison dédiée à Marie et qui fût le centre de beaucoup d'œuvres de zèle et de charité, comme la chapelle de Fourvière était le rendez-vous central de la piété des Lyonnais. Là, elle voulait réunir quelques âmes assez humbles et assez généreuses pour accueillir toutes les occasions de faire le bien qui se présenteraient, se donner aux œuvres les plus pressantes, sans acception de personnes, sans retour sur elles-mêmes, sans désir d'être connues des hommes.

Plusieurs jeunes filles acceptant ce programme étaient venues pour former la Compagnie de Marie se joindre aux six hospitalières, et même celles-ci ne restèrent pas toutes à Lorette. Voyant qu'elles regrettaient leurs anciennes fonctions, Pauline voulut leur procurer les moyens de remplir leur vocation première. Elle recueillit quelques infirmes, et les installa avec ses religieuses dans la maison de Nazareth, maintenant abandonnée, et qui devenait ainsi un petit hôpital. Ce projet fut accueilli avec joie par l'archevêque et par le curé de Saint-Just, car la paroisse ne possédait pas d'autre hospice pour les malades.

Dans l'idée de Pauline, Lorette n'était pas une fondation, c'était une réserve où se préparaient par le renoncement à soi-même, par l'esprit de prière et de sacrifice, des ouvrières prêtes ensuite à toutes les tâches dans la vigne du Maître. La pratique de l'humilité, de la charité et de la prière ressortait de tous les points du règlement. On cherchait à imiter la vie cachée et les vertus de Marie à Nazareth, préparant le salut des âmes.

Lorette devint d'abord le centre du Rosaire vivant, puis celui de beaucoup d'autres œuvres. Tant de lettres arrivaient chaque jour, et il fallait recevoir tant de monde, qu'on dut établir un secrétariat et une bibliothèque pour les besoins de ces œuvres. M. l'abbé Bettemps, directeur du Rosaire vivant, et M. l'abbé Rousselon, aumônier de Lorette, furent chargés de la bibliothèque et de la correspondance relative au Rosaire; Marie Melquion, une des compagnes de Pauline, de la diffusion des livres et des objets de piété, ainsi que de la correspondance nécessitée par cette œuvre.

Nombre d'évêques, de missionnaires, de religieux, qui avaient reçu des secours de Pauline ou qui en attendaient; des personnes dans la peine, qui venaient lui demander un conseil, frappaient journellement à la porte de l'hospitalière demeure. Les journées de Pauline suffisaient à peine à sa tâche, quand toutefois l'excès de ses souffrances ne rendait pas toute parole, toute action impossible, car depuis 1833 sa maladie de cœur avait pris d'effrayantes proportions; chez elle cet organe bondissait plutôt qu'il ne battait, et d'atroces douleurs s'y faisaient sentir quelquefois. Devant une telle affluence de visiteurs sérieux, ayant vraiment besoin de secours, de conseils, ou ayant quelque affaire importante à traiter, on comprend que les curieux et les oisifs fussent impitoyablement éconduits. Le temps était consacré à Dieu, non pas au monde. Cela donna lieu un jour à une singulière méprise.

Ce jour-là, vers cinq heures du matin, Mgr de Pins, le vénérable administrateur du diocèse, venait de célébrer le saint sacrifice à Fourvière. En descendant, il s'arrête à Lorette, sonne, et demande s'il peut voir Mlle Jaricot. Le soin de la porte avait été confié provisoirement à une jeune fille récemment arrivée de la campagne et ne connaissant personne à Lyon. En voyant ce visiteur matinal, enveloppé d'un grand manteau noir, elle ne se doute pas à qui elle a affaire, et répond à sa question par une autre question : — Etes-vous missionnaire ? — Non, ma fille, je demeure en bas, tout près de la cathédrale. — Oh! bien, alors, Monsieur le curé, vous ne pouvez pas voir notre mère ; elle est trop occupée. « Docilement et humblement, le saint archevêque se retire. Par bonheur, pendant qu'il traversait la terrasse qui précède la maison, l'aumônier de Lorette l'aperçoit de sa fenêtre, s'élance à sa suite, et le ramène. On voulut réprimander la jeune portière. — Non ! dit le prélat en mettant la main sur la tête de l'enfant, elle a fait son devoir ; un bon soldat doit être fidèle à sa consigne. Gardez toujours bien, ajouta-t-il, l'entrée de votre paradis terrestre. — Dame ! aussi, murmurait la coupable en s'en allant, comment deviner qu'une Grandeur se lève avant le soleil ? »

Malgré les correspondances spéciales confiées à ses aides, il en restait bien d'autres à Pauline. Ainsi elle était toujours en relations avec ses *Réparatrices* de Saint-Vallier, et ses conseils guidèrent nombre de pieuses filles dans la position modeste d'ouvrières ou de domestiques, qui leur était faite plus tard dans la vie. Elle correspondait avec Mgr Lambruschini, protecteur du Rosaire vivant, et qui était pour elle un véritable père. Il lui écrivait fréquemment soit en son nom propre, soit au nom de Grégoire XVI. C'est par l'intervention de ce prélat qu'elle obtint l'approbation du règlement de la Compagnie de Marie ; c'est par lui qu'elle envoya au Saint-Père le plan en relief de la colline de Fourvière, plan exécuté par un habile artiste, et sur lequel l'emplacement de la petite colonie de Lorette était désigné.

CHAPITRE IX

QUATRE JOURS D'AGONIE DANS LE SOUTERRAIN
DE LORETTE

Pauline avait, nous l'avons dit, des moments d'accalmie, et d'autres de souffrances très vives. En mars 1834, sa maladie passa de l'état chronique à l'état aigu ; une hémorragie continue et d'autres symptômes aussi alarmants semblaient annoncer une mort prochaine ; elle était si faible que le moindre mouvement devenait impossible et que le plus faible bruit la jetait dans des crises d'où l'on s'attendait chaque fois à ne pas la voir revenir. Elle demanda et reçut les sacrements. Mais nous sommes, hélas ! dans le siècle des révolutions ; une nouvelle émeute se préparait à Lyon, et à ce moment même, l'orage se déchaîna encore autour de la malade.

Lorette, à mi-chemin du plateau, était au bord d'une route qui dominait la ville et que cependant on ne pouvait voir de celle-ci, un mur élevé formant le côté opposé à la propriété. Pauline venait d'être administrée, et sa sœur et sa nièce étaient venues la voir, lorsque des vociférations retentirent dans le chemin. Une centaine de vagabonds venaient d'enterrer un des leurs, et voyant en passant l'inscription « Marie a été conçue sans péché », ils voulaient pénétrer de force dans « cet asile de la superstition », agitaient la cloche et ébranlaient la porte. Ils brisèrent la serrure, mais ne réussirent pas à entrer ; on en fut quitte pour la peur. Madame Perrin, obligée de revenir chez elle, laissa sa fille auprès de Pauline. Mais peu de jours après, des amis vinrent avertir les saintes filles qu'elles eussent à se mettre à l'abri. Un double bombardement menaçait la ville. L'armée tirait sur les insurgés échelonnés le long de la colline et cantonnés particulièrement autour de Lorette. Les insurgés ripostaient par d'autres projectiles à l'adresse de l'armée. Ils avaient choisi justement pour un de leurs meilleurs campements le chemin qui passait devant Lorette, à cause de la muraille qui en dérobait la vue à la ville. Ils avaient amené là leurs canons et élevé des barricades.

Quelques personnes surprises à l'improviste par la vue de ce campement s'étaient réfugiées dans la demeure de Pauline ; une actrice entre autres, qui descendait la colline, n'avait pas osé aller plus loin.

On se hâta de fermer les volets de l'habitation ; le lit de Pauline fut transporté dans la chapelle, où tout le monde se réfugia. Quelques balles percèrent la muraille et passèrent en sifflant au-dessus des têtes, sans blesser personne. Un premier boulet vint s'amortir dans le plancher. Un enfant et un Frère des Ecoles Chrétiennes qui se trouvaient là, venaient à peine de changer de place qu'un second boulet passe avec sa vitesse acquise à l'endroit qu'ils viennent de quitter, produit autour de lui une telle secousse que le devant de l'autel est renversé, la sainte table transportée au loin, et va se creuser un trou dans la muraille. Une bombe lancée de Bellecour perce également le mur et brise en mille morceaux un banc que l'on venait de quitter pour faire le chemin de la croix.

Jusqu'alors les personnes étaient préservées : En serait-il toujours ainsi ? Pauline, qui n'avait plus qu'un souffle de vie, n'eût pas fui le martyre, mais si la foule hideuse de la rue pénétrait dans le sanctuaire, ses filles bien-aimées, sa nièce, tous les assistants, n'auraient-ils pas à redouter des périls pires que la mort ? Ces pensées préoccupaient la sainte fille lorsque quelqu'un sentant l'ébranlement des murs s'écria : « Il est impossible de rester ici plus longtemps ; la maison s'écroulerait sur nous ! » Pauline répond d'abord : « Nous ne quitterons pas Jésus-Christ. » Mais le tabernacle était portatif. On eut l'idée de l'enlever, de le déposer entre ses bras. Elle dit alors qu'un seul moyen de salut leur restait : c'était de se réfugier dans un des souterrains du clos. Des voûtes construites par les Romains et destinées à conduire les eaux de la montagne passaient en effet sous la propriété et aboutissaient à un réservoir alors desséché.

Y arriver seulement était un péril puisqu'il fallait traverser le jardin où tombait une pluie de feu. De plus on n'osait remuer la pauvre malade ; on se demandait si le moindre mouvement n'amènerait pas la mort. « Allons sans crainte, dit-elle, puisque nous avons Jésus avec nous. » On alluma donc quelques cierges. Les mains les plus fermes saisirent le matelas où reposait l'humble victime avec Jésus entre ses bras ; on traversa ainsi lentement la terrasse dans toute sa longueur sans que nul fût atteint par les projectiles, qui ne cessaient pas de tomber. On déposa un instant Pauline dans la petite maison du jardinier qui était près de l'entrée du souterrain, afin de voir si cette ouverture était libre. De là elle apercevait la fumée des bombes s'élever au-dessus de Lorette comme si on y eût mis le feu ; mais, fortifiée contre la souffrance depuis qu'elle tenait son trésor entre ses bras, elle suppliait l'Hôte du Tabernacle d'affermir la foi de tous ceux qui voyaient ces désastres ainsi que la protection divine, et de faire que ces jours d'épreuve tournent à sa gloire.

On s'engagea enfin dans les profondeurs du souterrain. Entre les diverses excavations qui s'y rencontraient, on en trouva une en forme de croix, qui pouvait avoir à peu près douze pieds de long sur quatre de large ; on y déposa le matelas de Pauline ;

ses filles au nombre de dix, se placèrent autour d'elle dans les enfoncements qui formaient comme les bras de la croix, et les personnes étrangères qui s'étaient réfugiées chez elle, ainsi que son jardinier et deux domestiques de sa sœur, restèrent dans le long couloir qui aboutissait à cette retraite. Il y avait là en tout dix-neuf personnes, dont l'une aux portes de la mort, et peu d'air, seulement celui qui pénétrait par une porte étroite et basse. Les bruits du bombardement arrivaient là, répercutés par l'écho dans les voûtes. Hélas! bien des fois déjà dans la ville des Césars, les chrétiens persécutés avaient trouvé un asile et célébré les saints mystères dans les catacombes, soit naturelles, soit creusées par les Romains. Qui aurait pensé que, en plein dix-neuvième siècle, d'autres conduits souterrains, préparés jadis par ces mêmes Romains, abriteraient le Tabernacle du Sauveur et les vierges pieuses, gardiennes de ce Tabernacle!

Il faudrait lire en entier, pour se faire une idée des angoisses ressenties, le récit écrit plus tard par Pauline, sur l'ordre de ses directeurs, de cette station douloureuse. Nous ne pouvons en donner que quelques passages. Elle faisait le sacrifice de ses biens et de sa vie, mais demandait à son divin Sauveur d'épargner « la cité de Marie ».

« Depuis quatre heures du matin, écrit-elle, que nous avions quitté la maison du jardinier, jusqu'à huit heures du soir, nous ne cessâmes de prier. Les coups redoublés du canon retentissaient jusqu'au fond de nos cœurs. La foi seule à Dieu présent au milieu de nous, nous soutenait.

« Le lendemain comme la veille, le bombardement continua sans interruption jusqu'à ce que l'obscurité empêchât les deux partis de se voir. Quand le silence eut été rétabli, nous commençâmes à faire l'heure sainte en nous unissant à l'auguste victime du jardin des Olives, car c'était le jeudi. La compagnie du Sauveur, les circonstances et le lieu où nous nous trouvions, tout nous portait à nous croire réellement à Gethsémani.

« J'y étais bien en vérité, car mon âme endurait une tristesse mortelle. Aux souffrances physiques, aux craintes, aux angoisses, aux épouvantes de la mort dont les sinistres menaces m'environnaient, venait se joindre le sentiment profond de la colère divine. La voix de cette divine justice retentissait comme celle de la foudre jusque dans les profondeurs de mon être, et j'en étais comme écrasée. Dans les trois autres révolutions, j'avais bien éprouvé ce même sentiment, mais non avec une telle souffrance et un si grand effroi.

« Au milieu de cet abandon absolu, j'abîmai mon cœur dans le cœur désolé de Jésus-Christ; j'étendis mes bras autour de son Tabernacle et j'y collai mes lèvres, suppliant à mon tour le Père céleste d'éloigner de moi le calice si souvent accepté, ou de me donner la force de le boire dans toute son amertume.

« Alors se présenta à ma pensée l'horrible tableau des divers genres de supplices par lesquels seraient peut-être exaucées tant de prières que j'avais faites afin d'obtenir d'être victime pour mes frères. Bien que l'heure me parût arrivée de souffrir le martyre que j'avais désiré et qui m'avait été promis, hélas ! je tremblais cependant...

« Accablées de fatigue, mes compagnes s'étaient endormies autour de moi. Je veillais donc seule avec Jésus qui, lui aussi, paraissait dormir tant était profond son silence. La foi, dénuée de toute consolation, me disait : Pourquoi te plaindre du délaissement extérieur auquel tu es réduite ? N'as-tu pas pour témoin de ton agonie, non seulement l'ange qui fortifia ton divin Maître réduit à cette extrémité, mais ce Maître lui-même qui veut bien ne faire qu'une victime avec toi !

« J'entendais cela, mais l'agonie se prolongeait. Je demeurai toute la nuit comme le criminel qui, dans un cachot, attend l'heure du supplice, et pour qui le moindre bruit, semble une annonce de mort...

« Au point du jour le bombardement recommença avec une nouvelle fureur. Les obus qui pleuvaient au-dessus de nous, ébranlaient notre souterrain et faisaient un bruit épouvantable. Ces projectiles, lancés de Fourvière sur la ville et de la ville sur Fourvière, se croisaient au-dessus de nos têtes, et nous faisaient penser que le clos était envahi, que notre retraite allait être découverte. Aussi cachâmes-nous la lumière du petit lampion qui nous éclairait.

« Dans une telle situation, les heures passent lentement. A chaque instant quelqu'un disait : Quelle heure est-il ? Et la réponse à cette question faisait paraître la journée plus longue encore par le calcul du temps qui restait à s'écouler jusqu'à la huitième heure tant désirée qui apportait chaque soir un peu de relâche à nos angoisses.

« Dès que le combat reprenait, nous reprenions aussi avec plus d'instances et de larmes celui de la prière contre la divine justice. Parfois j'étais si profondément atteinte par les coups de cette justice infinie que je restais comme anéantie, sans plus pouvoir prononcer une parole...

« Privées d'espace, mes filles passaient et repassaient alors sur moi, se consolant mutuellement de ma mort. Je les entendais sans pouvoir faire le plus léger signe de vie. Elles étaient loin de supposer le combat qui se livrait dans mon âme. Lyon allait être mis à feu et à sang, par l'obstination de deux partis, et moi qui aimais tant cette ville, moi qui avais si souvent offert ma vie pour la sauver, j'avais peine à accepter la mort telle que je pouvais la recevoir des mains d'un peuple ivre de colère et altéré de sang. Malgré cela, Dieu m'en est témoin, si je n'avais pas la force de dire *oui*, je n'avais pas la volonté de dire *non*. Aussi toute la journée du vendredi se passa-t-elle dans cette lutte inexplicable, cent fois plus cruelle que le trépas lui même. »

Le samedi, le grondement des canons d'un côté, les supplications pressantes de l'autre, tout recommença comme la veille. On disait le Rosaire ; on répétait cent fois : Notre-Dame des Victoires, combattez pour nous ! Notre-Dame Auxiliatrice, venez à notre secours ! Sauvez Lyon !

Ce même jour, un autre sujet d'inquiétude s'éleva parmi les prisonnières. Il leur sembla que dans le Tabernacle le ciboire se heurtait à son couvercle comme s'il en eût été séparé. On fut un moment dans l'hésitation. Fallait-il risquer, en ouvrant la porte, d'aller contre les règles de l'Eglise ? D'un autre côté, en ne le faisant pas, n'exposait-on pas les saintes espèces, qui avaient dû se répandre, à être brisées par le choc du couvercle détaché ?

« Après avoir prié avec ferveur, écrit Pauline, nous crûmes urgent de surmonter nos craintes pour voir où en était notre céleste trésor… Nous vîmes le ciboire ouvert et plusieurs hosties répandues en dehors du vase consacré. Toutes tremblantes de respect et d'amour, nous adorâmes quelques instants le Saint des saints, ne sachant quel parti prendre. Je me décidai enfin à remettre les divines espèces dans le ciboire en usant de toutes les précautions possibles pour ne rien toucher avec les mains nues. Je pris le vase sacré avec un linge. Une de mes filles étendit le corporal et se servit de la patène du calice pour remettre les hosties une à une dans la coupe de vermeil.

« Bien que nous fussions effrayées de ce que nous avions cru devoir faire, grande et délicieuse était l'émotion de nos cœurs à la vue de Jésus-Christ se confiant ainsi à notre sollicitude. Les yeux attachés sur ce bien-aimé captif, je lui dis : O doux Sauveur, réellement présent sous les voiles eucharistiques, j'adore sans les comprendre vos desseins éternels. Ayez pitié des Lyonnais ! »

Lorsque toutes les hosties eurent été déposées dans le ciboire, et celui-ci enveloppé dans un linge blanc pour que l'accident ne se renouvelât pas, on replaça le tabernacle sur cette poitrine qui lui servait d'autel.

Pendant près de cinq jours, les pieuses femmes restèrent enfermées dans cet espace étroit, respirant un air méphitique, privées de la sainte messe et de la communion. Le boulanger ayant apporté à la maison, l'avant-veille de l'insurrection, une assez forte provision de pain, de peur qu'on ne fût pris au dépourvu, et la nourrice de Pauline lui ayant envoyé, par une inspiration providentielle, une certaine quantité de miel, on avait apporté ce pain et ce miel dans le souterrain; avec l'eau du réservoir, ce fut la nourriture des prisonnières durant ces cinq journées; Pauline, dans un état d'agonie, ne pouvait absorber que quelques gouttes d'eau. Mais toutes restaient chaque jour à jeun jusqu'à midi, espérant que, par une circonstance fortuite, quelque prêtre viendrait leur donner la sainte communion.

Le dimanche arriva. Vers neuf heures du matin, les coups de canon, plus multipliés que jamais, enlevèrent à ces pauvres âmes tout espoir de sortir de là pour entendre la messe. Tout à coup, comme saisies par une sainte envie de forcer le bras de Dieu, elles résolurent de former avec leurs gros rosaires une sorte de brancard sur lequel elles soutiendraient le tabernacle pour l'élever ainsi vers le ciel, et présenter à Dieu la seule victime capable d'apaiser sa justice. Il fallait pour cela tenir les bras un peu élevés; les pauvres filles se trouvaient à peu près à genoux, sans appui ni espace, et dans des positions fatigantes autour du matelas de la chère malade; toutes étaient à jeun; elles résolurent néanmoins, fallût-il rester ainsi jusqu'au soir, de ne pas faiblir tant qu'elles n'auraient pas arrêté le bras de la Justice. Pauline elle-même, ce que tout le monde considéra comme un miracle, soutenait aussi le tabernacle en élevant ses bras au-dessus de sa couche.

Cette arche de propitiation étant ainsi présentée au ciel, les prières devinrent plus ferventes. On répétait à l'envi : Au nom du Sauveur et de sa Mère bénie, la Reine du saint Rosaire, nous vous en conjurons, ô Dieu, exaucez-nous ! Sauvez la ville confiée à Marie !

Six heures se passèrent ainsi. Un peu avant trois heures, les pauvres filles se regardèrent consternées, car toutes sentaient leurs mains engourdies, leurs forces épuisées, et rien n'indiquait que le bombardement prît fin. Elles allaient abaisser le tabernacle quand Pauline et Marie Melquion, la plus intime de ses compagnes, sentirent par une inspiration divine que l'heure de la miséricorde n'était pas éloignée; elles supplièrent leurs sœurs de tenir un moment encore. Laissons maintenant la parole à Pauline.

« A trois heures moins quelques minutes, une lumière intérieure m'avertit qu'un nouveau danger nous menaçait. Peu après nous entendîmes un grand bruit du côté de Fourvière et des pas précipités au-dessus de nos têtes..... Mon cœur battit alors à se briser.

« Trois heures sonnent!.. C'était le moment que nous avions fixé pour abaisser nos bras, mais nous continuâmes encore durant quelques minutes pour modérer notre désir de soulagement. Alors, sans que nous sachions ce qui se passe, l'une de nous entonne le cantique d'actions de grâces et toutes les autres y répondent; nous avions la certitude que nos prières étaient exaucées, que le combat allait finir. La joie, la reconnaissance inondaient nos cœurs, et nous prîmes un peu de nourriture comme les soldats font après la victoire ».

Ce qui s'était passé, le voici : Les insurgés avaient abandonné le plateau de Fourvière, et les troupes occupaient maintenant cette position. Au moment où elles s'en étaient emparées, les insurgés, pour ne point être pris, avaient escaladé le mur de Lorette et s'étaient sauvés par le clos en y jetant leurs armes. C'est le bruit de cette fuite par leur clos qu'avaient entendu les pieuses filles un peu avant trois heures.

Ne sachant pas au juste ce qui était arrivé, bien que le canon ne retentît plus, elles restèrent cependant encore dans leur cachette toute la nuit du dimanche au lundi, car de grandes clameurs se faisaient entendre sur la colline et dans la ville. Le lundi matin le jardinier et ses compagnons sortirent du souterrain, et rapportèrent les informations que nous venons de donner. Alors les personnes étrangères qui avaient trouvé un asile à Lorette rentrèrent chez elles. L'actrice qui avait pu admirer là pendant près de cinq jours une foi surhumaine, qui avait vu offrir en holocauste pour la ville tant de prières et de souffrances, revint au Dieu qu'elle avait peu servi jusqu'alors et mena désormais une vie chrétienne.

La première préoccupation des compagnes de Pauline en sortant du souterrain, fut d'aller avec sa permission, recevoir à Saint-Just, la sainte communion, dont elles étaient privées depuis quinze jours. Pauline, demeurée seule avec Marie Melquion, gémissait sur la privation qui lui était imposée quand Dieu lui envoya la même consolation. Un prêtre du voisinage, l'abbé Galtier, eut l'idée de s'informer de ce qu'elle était devenue pendant ces tristes jours. On le conduisit dans son réduit souterrain ; il la confessa et lui donna le pain de vie ainsi qu'à sa compagne. Il emporta ensuite le Tabernacle, le déposa dans la maison du jardinier où on s'était d'abord réfugié, et on transporta enfin Pauline hors de ce tombeau anticipé où elle était demeurée plus de quatre jours et quatre nuits sans pouvoir changer de position, ni respirer un peu d'air pur.

Malgré les souffrances subies, l'assistance de Dieu était manifeste. La maison de Lorette était encore debout. Les boulets, les bombes, les paquets d'étoupe enduite de poix que l'on y trouva, l'avaient certainement endommagée, mais moins que l'on n'eût pu le supposer. La statue de Notre-Dame du Rosaire, gardienne du clos, demeurait debout sur la terrasse. Une balle l'avait trouée à l'endroit du cœur et la tête de l'Enfant-Jésus avait été emportée. Toute mutilée elle semblait faire encore son office de gardienne.

Lyonnais, facilement émus par toutes les nobles choses, vous qui aimez à visiter le cachot de saint Pothin et de sainte Blandine, ce serait aussi un pieux pèlerinage que celui qu'on ferait dans cet aqueduc souterrain où Jésus-Christ habita quatre jours sur le cœur de son humble servante, et d'où tant de prières et de souffrances ont été offertes pour la ville de Lyon au moment où Dieu la frappait.

CHAPITRE X

PAULINE JARICOT ET SAINTE PHILOMÈNE

Quand les réparations nécessaires eurent permis de rapporter la sainte réserve dans la chapelle, Pauline revint occuper la chambrette qui ouvrait près de l'autel. C'était un miracle sensible qu'en l'état de santé où elle se trouvait, elle eût pu traverser sans mourir, les émotions et la fatigue de cette période de bombardement. C'en était un encore de voir son existence se prolonger après cela avec les symptômes que présentaient ses maux. Depuis dix ans qu'elle souffrait elle avait pu, en se dominant par une grande force d'âme, agir malgré tout ; après l'espèce d'agonie du souterrain et une période de soulagement qui suivit, elle vit de nouveau sa maladie s'aggraver. Le siège du mal était au cœur ; les palpitations de cet organe étaient si violentes qu'elles soulevaient les côtes et s'entendaient au loin. Parfois, à la suite d'un mouvement ou d'un changement de position, le sang y affluait d'une telle manière que Pauline était comme étouffée. Le pouls, la respiration devenaient alors insensibles, les membres étaient glacés. Elle devait donc garder une immobilité absolue sous peine de provoquer ces syncopes et ces étouffements. De plus, la dilatation extraordinaire du cœur comprimant les poumons, la respiration était à la fois difficile et douloureuse. Le corps, tout enflé, avait du reste peine à se mouvoir. Une plaie intérieure s'était formée dans la poitrine. Le médecin en avait établi à l'extérieur deux artificielles destinées à détourner le mal des organes vitaux. Les médecins prédisaient sa mort à bref délai lorsqu'une légère amélioration vint, non pas lui enlever la souffrance ni lui rendre sa complète liberté d'action, mais retarder le péril que les hommes de l'art jugeaient imminent et lui permettre de rester assise pendant plusieurs heures. Cette amélioration se produisit à la fin d'une neuvaine.

On venait de découvrir dans les catacombes de Rome le corps d'une vierge martyre dont la dépouille mortelle opérait des prodiges : c'était celui de sainte Philomène. Pauline et les associées du Rosaire avaient fait une neuvaine en l'honneur de cette sainte. La première nourrissait en son cœur un désir ardent de vénérer ses pieuses reliques à Mugnano, près de Naples; mais comment penser à l'accomplissement d'un tel dessein quand on ne peut supporter la plus légère fatigue? Depuis le mieux qui était survenu, elle nourrissait au moins l'espoir d'aller jusqu'à Paray-le-Monial, en choisissant une voiture commode.

Lorsqu'elle soumit au médecin cette idée de voyage, le pauvre homme la crut folle. Sachant son état désespéré, et voyant qu'elle insistait sérieusement pour se rendre compte s'il n'y avait pas dans cette entreprise une imprudence coupable, il pensa que son existence étant déjà inexplicable, elle pouvait sans scrupule satisfaire ce qu'il appelait « une fantaisie de déplacement ». — « Elle n'ira pas loin, dit-il tout bas en se tournant vers ses filles ; d'ailleurs, quoi qu'il advienne, c'est fini pour elle. » « Le digne homme, raconta plus tard Pauline, était loin de supposer jusqu'où allait cette « fantaisie de déplacement ».

Aux yeux de sa famille elle fit donc ses préparatifs de départ pour Paray-le-Monial. On arrêta une chaise de poste très douce dans laquelle elle pouvait être étendue; on se munit d'un fauteuil pour l'en descendre et l'y remonter, afin de la transporter à l'église ou à l'hôtellerie; et, malgré toutes les observations, elle partit, accompagnée de son aumônier, M. l'abbé Rousselon, de sa fidèle compagne, Marie Melquion, et d'un brave domestique, Claude-Marie Rousset, qui, plus tard, entra dans les Ordres.

« Elle n'ira pas loin, » avait dit le docteur ! Aussi, à chaque secousse imprimée à la voiture, ses compagnons la regardaient-ils avec inquiétude. Elle arriva cependant à Paray, y fit ses dévotions, mais se priva d'entrer dans le monastère de la Visitation, où elle était aimée, pour ne pas faire de la peine et causer de l'inquiétude à ses compagnons qui alors auraient dû se séparer d'elle.

Puisque Dieu avait permis ce premier voyage, pourquoi ne pas tenter d'aller à Rome, où la foi vive de Pauline et son dévouement à l'Eglise lui avaient toujours fait désirer de voir le vicaire du Christ. Certes ! ce n'était pas un voyage facile que de traverser les Alpes en 1835 et d'arriver en Italie. La voiture n'allait qu'à petites journées, et encore était-on obligé de s'arrêter parfois pour que la malade pût se reposer. L'abbé Rousselon avait obtenu le précieux privilège d'offrir chaque matin le saint Sacrifice dans l'appartement qu'elle occupait. Elle avait donc le bonheur de communier tous les jours et elle prolongeait ensuite son action de grâces une partie de la journée quand on l'avait transportée dans la voiture et que celle-ci s'était remise en marche. On récitait aussi le Rosaire. Au cours de ce voyage, deux incidents méritent d'être rapportés : le premier est un trait de charité de notre héroïne ; le second, une attention mystérieuse de la cour céleste.

Pauline allait quitter Chambéry, quand un exprès envoyé après elle lui apprit que le monastère de la Visitation que l'on construisait à Fourvière allait être vendu, et que des spéculateurs avaient l'intention d'acheter cette propriété pour y installer des rendez-vous de plaisir. On lui demandait s'il lui était possible d'enrayer ce projet. Il s'agissait d'une propriété de cent cinquante mille francs. Pauline cependant n'hésita pas à s'en charger et donna les ordres nécessaires pour qu'elle fût achetée ; elle ne voulait pas voir profaner par des désordres la sainte colline de Marie.

On arriva au passage du mont Cenis. L'épaisseur de la neige ne permettait d'avancer que très difficilement ; mais on restait éperdu d'admiration devant le spectacle grandiose qu'offrait aux yeux un immense horizon, et les âmes s'élevaient vers Dieu dans un élan de reconnaissance. Tout à coup, un jeune enfant se présenta à la portière de la voiture, sourit à la malade, et déposa sur sa couche une magnifique rose blanche. Puis le messager disparut. On était au mois de mars. En aucune saison d'ailleurs, dans ces régions des glaces éternelles, pareille fleur n'avait éclos ; les guides n'avaient jamais aperçu dans ces parages le jeune messager, et on n'eut pas le temps de voir quelle direction il avait suivie pour s'en aller. C'était sans doute une attention délicate de la Providence pour celle qui allait offrir au chef de l'Eglise la fleur symbolique du Rosaire vivant.

Pauline eut le bonheur de pénétrer à Lorette dans la *Santa Casa*, dans le premier sanctuaire qui ait abrité le Verbe fait chair. Bien qu'elle eût éprouvé dans l'église même de Lorette une de ces crises terribles qui semblaient devoir être sa fin, elle continua son voyage et arriva à Rome, où sa compagne et elle furent reçues au Sacré-Cœur de la Trinité-du-Mont.

Elle ne pouvait songer à se présenter au Vatican avec le cérémonial usité. O paternelle condescendance de celui qui se fait tout à tous comme son divin Maître ! Grégoire XVI vint par deux fois rendre visite à celle qui donnait à l'Eglise l'œuvre de la Propagation de la foi et celle du Rosaire vivant. Frappé de son état, il ne jugea pas à propos de le lui cacher, et lui dit de prier pour le Pape « quand elle serait arrivée au ciel ». Pauline le promit. « Mais, ajouta-t-elle, si, à mon retour de Mugnano, j'allais à pied au Vatican, Votre Sainteté daignerait-elle procéder sans retard à l'examen définitif de la cause de sainte Philomène? — Oui, oui, ma fille, répondit le Pontife, car alors il y aurait miracle de premier ordre. »

Avec ce bonheur d'avoir reçu la spéciale bénédiction du Père commun des fidèles, Pauline eut encore à Rome celui de se rapprocher de son protecteur, le cardinal Lambruschini. Elle lui ouvrit complètement son âme; lui, de son côté, avait une grande confiance dans les lumières de la sainte fille, et il avait reçu du Pape la permission de lui accorder tout ce qui pouvait être accordé en fait de privilèges et d'indulgences.

Pauline était donc résolue à aller jusqu'au bout. On quitta Rome pour Mugnano. Quand les habitants de cette ville et même ceux de Naples apprirent qui était la voyageuse, ce fut parmi eux un grand enthousiasme, et ils mettaient leur sainte en demeure de guérir « absolument » *la signora francese* qui venait de si loin et qui avait rendu tant de services à l'Eglise. Pauline ne demandait pas tant la guérison de ses maux, quoiqu'elle n'y fût pas indifférente, que plusieurs grâces spirituelles, plus précieuses encore à ses yeux. Mais le peuple tenait à des miracles sensibles, et avec cette fougue exubérante propre aux nations méridionales, ces bonnes gens frappaient sur le tombeau et disaient sans façon : « Nous entendez-vous, Philomène? Si vous ne nous exaucez pas tout de suite, nous ne vous prierons plus : ce sera fini entre nous. Hé! tant pis pour vous, grande sainte! »

Il faut croire que la grande sainte fit la part du caractère de ses clients, car elle ne se fâcha point et accomplit le miracle demandé. Le lendemain de son arrivée, au moment où Pauline reçut la sainte communion elle éprouva dans tout son être d'indicibles souffrances ; son cœur bondit dans sa poitrine d'une façon désordonnée ; elle s'affaissa sur elle-même comme privée de vie. A cette vue, les bons Napolitains exaspérés croyant qu'elle était morte, poussèrent de tels cris qu'on crut devoir emporter le fauteuil sur lequel gisait Pauline. Elle fit un faible signe pour montrer qu'elle voulait rester là. Bientôt en effet, touché par sa foi et sa patience, le Dieu de qui sortait aux chemins de Judée une vertu guérissant les infirmes, mit dans les ossements de la sainte une vertu qui rayonna sur les membres brisés de Pauline. Une douce chaleur se répandit dans tout son être ; une force inconnue semblait circuler en elle ; elle se sentait revenir à la vie.

Elle n'osa point immédiatement dire qu'elle était guérie, dans l'appréhension des transports de ce peuple en délire, puis ses jambes demeuraient faibles ; elle voulait être sûre du miracle opéré et continua pendant deux jours à se faire porter à l'église. Enfin le lundi soir 10 août, elle y alla à pied pour la bénédiction du saint Sacrement et revint de même à sa demeure, malgré le fauteuil que, par précaution, on portait à sa suite. Les transports du peuple furent bien ce qu'elle avait pensé. De plus elle dut se soumettre à toutes sortes de marches, d'examens, pour que le gardien du corps de sainte Philomène pût constater l'authenticité du miracle. Elle supporta tout, et les ardents et pieux Italiens criaient maintenant à tue-tête : Vive sainte Philomène, la très bonne martyre ! Vive la sainte dame française !

Pauline laissa en ex-voto au tombeau de la sainte le fauteuil dans lequel on la portait de coutume ; elle emporta une relique insigne de la jeune Vierge qui lui avait été donnée et qu'elle fit enchâsser dans un corps en cire de grandeur naturelle. Cette effigie fut déposée dans sa voiture, sur la banquette du fond, à la place où, en venant, elle était étendue mourante ; elle-même pour voyager, prit la place à rebours sans en être incommodée. C'est ainsi que s'effectua le retour. Tout le long du chemin le corps de la sainte, ainsi exposé à la vénération publique, recevait des hommages. Aux relais, les postillons qui avaient conduit Pauline dans son premier voyage criaient : Miracle ! Miracle ! Vive sainte Philomène ! A Naples, Mgr Feretti, nonce apostolique, soulevant le voile de l'avenir, adressa à Pauline de prophétiques paroles : « Enfant de la cité des martyrs, dit-il, Dieu s'est servi de vous et il s'en servira encore, mais *d'une tout autre manière. Ayez bon courage et acceptez la croix*. »

L'étonnement de Grégoire XVI fut grand lorsque Pauline, sans avoir prévenu de sa guérison et de son retour à Rome, se présenta au Vatican. « Est-ce bien ma chère fille, disait-il ? revient-elle de la tombe, ou bien Dieu a-t-il manifesté en sa faveur la puissance de la Vierge martyre ? » Selon sa promesse il fit procéder sans retard à l'examen définitif de la cause de sainte Philomène. Il se fit donner tous les détails du voyage et se montra d'une affectueuse et paternelle bonté pour celle qu'il appelait « sa chère fille de Fourvière ». Il la fit rester à Rome une année entière afin que le prodige opéré en sa faveur fût bien constaté, et la combla de privilèges. Grâce à sa libéralité et à l'affectueuse reconnaissance de Mgr Lambruschini, à qui elle avait révélé certains desseins de Dieu sur lui, elle revint en France avec un grand nombre de reliques, entre autres un morceau de la vraie croix et deux corps de vierges martyres.

Son amour pour l'Eglise se fortifia ainsi près du Siège apostolique et du tombeau des saints Apôtres ; ce séjour dans la ville éternelle fut comme une halte délicieuse pour son âme au milieu de l'aride carrière qui lui restait à parcourir.

CHAPITRE XI

RETOUR A LYON. — MARIA DUBOUIS. — LA SENTINELLE DE LA SAINTE COLLINE.

Le médecin qui avait dit que Pauline n'irait pas loin put la voir à son retour gravir seule la colline de Fourvières et rendre grâces à Marie de la protection qui lui avait été accordée. Puis elle reprit la vie ordinaire de Lorette, formant ses filles à l'oraison plutôt par la pratique que par les méthodes, dans la crainte de leur ravir la simplicité et l'humilité, caractères distinctifs de la Compagnie de Marie; et les amenant d'une façon toute naturelle à faire réellement des œuvres lorsqu'elles croyaient se préparer seulement à en faire plus tard.

Un des premiers soins de Pauline en reprenant ses occupations à Lorette fut de faire élever une chapelle à sainte Philomène, comme elle l'avait promis. Elle la fit construire sur la terrasse de Lorette, au bord de la montée Saint-Barthélemy, afin que les pèlerins de Fourvière pussent y accéder sans entrer dans la maison ou dans le clos. Et dans ce sanctuaire qui reproduisait en petit l'église de Mugnano, elle plaça le corps de cire contenant les reliques qu'elle avait rapportées d'Italie en France devant elle, sur sa voiture, et que l'on vénère encore aujourd'hui en cette même chapelle.

C'est de notre chère Pauline que le bon curé d'Ars prit cette grande dévotion à sainte Philomène que l'on a remarquée en lui; c'est d'elle qu'il reçut pour sa paroisse une relique de la vierge martyre. Et quand Pauline était plongée dans quelque doute ou quelque tristesse plus accablants que d'habitude, elle allait chercher à Ars ou à Lalouvesc un peu de paix et de consolation.

Le saint vieillard lui envoya à son tour un autre trésor. Il avait dans sa petite Providence d'Ars, une jeune fille dont la piété angélique et la grande pureté de cœur l'avaient frappé. Enfant d'une famille pauvre et nombreuse du département de la Loire, Maria Dubouis avait toujours eu le désir de se consacrer au service de Dieu, mais elle avait dû aider sa mère dans les travaux du ménage et le soin de ses neuf enfants. C'est quand elle eut atteint vingt-trois ans que sa mère, voyant qu'elle pouvait alors s'en passer, l'envoya pour s'instruire et satisfaire sa piété, passer un an à la Providence, sous la direction de l'abbé Vianey. Le saint curé avait sondé minutieusement cette belle âme, et après un long examen il lui avait dit : « Je vais vous donner à une mère qui vous fera bien avancer dans l'humilité et la charité ». C'est pourquoi le 16 avril 1842, Maria Dubouis se présentait à Lorette avec un billet du curé d'Ars, qui recommandait à Pauline de garder cette enfant comme jusque-là la Vierge l'avait gardée, et de lui apprendre à aimer de plus en plus Jésus et Marie. Le vénérable serviteur de Dieu avait-il jeté un regard sur l'avenir ? Savait-il que l'heure des grandes épreuves allait sonner pour Pauline ? Toujours est-il que Maria Dubouis fut l'amie dévouée, la fidèle consolatrice de celle qu'elle appelait sa mère, depuis l'heure douloureuse jusqu'à ses derniers jours.

Cependant Lorette était encore dans la prospérité lorsqu'elle y arriva. « C'était le beau temps, a-t-elle raconté elle-même, le temps où l'on venait chez notre mère comme on va chez le bon Dieu, demander et recevoir tout ce dont on a besoin ».

Mademoiselle Jaricot s'occupait toujours beaucoup des missions. Monseigneur Retord, l'apôtre du Tonkin, l'appelait « la mère des missionnaires ». Beaucoup d'autres évêques correspondaient avec elle. En 1843 Monseigneur de Forbin-Janson, banni de son diocèse par le gouvernement de Juillet, était allé visiter les missions d'Asie et revenait navré de la perte de milliers d'enfants jetés sur les voies publiques comme de vils animaux, et mourant sans baptême. En passant à Lyon il exposa ses tristesses à Pauline, et sur son inspiration et de concert avec elle, il fonda l'Œuvre de la Sainte-Enfance, sur le modèle de l'Œuvre de la Propagation de la foi. La première aumône donnée à cette rédemption des pauvres petites âmes fut un don de Pauline.

Du reste, ceux qui venaient chercher des conseils à Lorette étaient légion. Il y avait des ecclésiastiques, des religieux, des négociants. Tous s'en retournaient éclairés ou raffermis. Et si, pour éprouver la sainte fille, on lui disait : « Puisque vous enseignez la perfection à ceux qui sont chargés de l'apprendre aux autres, vous devez être bien avancée dans la voie qui y conduit », elle répondait simplement : « Est-ce qu'il n'y a pas des poteaux qui indiquent les chemins sans les parcourir ? »

M. Dupont, le saint homme de Tours, la visita dans son ermitage et disait d'elle depuis : « Cette femme a le génie du bien ». Elle écrivait aussi beaucoup et le faisait du reste avec élégance et facilité. Les notes et souvenirs recueillis par ordre de ses directeurs, ainsi que sa correspondance, en font foi. Dès son jeune âge, comme elle avait les mains très mignonnes, elle avait dû prendre pour écrire une plume de corbeau au lieu des plumes d'oie qu'on employait alors généralement ; et c'est de ce faible instrument qu'elle continuait à se servir.

En 1844, elle eut la douleur de perdre sa dernière sœur, Sophie Perrin. Après avoir passé en faisant le bien, donné dans sa famille l'exemple de toutes les vertus, fait aux missions de l'Inde le sacrifice de son fils Pierre, cette âme d'élite se voyant au terme de la vie avait quitté sa riche demeure de Lyon. Ce n'était point pour aller dans sa maison de Paris ni dans ses propriétés de Tassin ou d'Heyrieux; c'était pour venir habiter la petite masure de Nazareth afin de s'y recueillir près du sanctuaire de Fourvière et près de sa chère Pauline, afin de mieux se préparer ainsi à paraître devant Dieu. Ce fut là en effet qu'elle rendit le dernier soupir : elle était âgée de cinquante-six ans.

Si la fortune de Pauline, comme celle de sa sœur, était grande, elle n'en gardait pour elle que le strict nécessaire. Tout passait aux œuvres, et, sur la sainte colline seulement, à l'époque dont nous parlons, elle avait assumé de lourdes charges. Elle avait organisé un petit hôpital à Saint-Just, qui n'en possédait point encore, et y avait transféré ses infirmes et ses hospitalières, trop à l'étroit à Nazareth. Nous avons parlé déjà de l'acquisition d'une propriété destinée d'abord à la Visitation. Pauline garda un certain temps cette propriété à sa charge. Des spéculateurs lui en offraient un prix élevé, parce qu'ils trouvaient l'emplacement propice à y organiser des établissements de plaisir; elle préféra supporter de gros sacrifices pour garder intacte et inviolée la sainte montagne de l'immaculée Marie. Plus tard, les bâtiments de la Visitation furent cédés aux Frères de la doctrine chrétienne, avec des conditions avantageuses pour eux. Pauline demanda qu'on plaçât la chapelle du nouvel établissement sous le vocable de sainte Philomène. C'est en effet aujourd'hui la patronne du pensionnat des Frères.

En d'autres circonstances encore, Pauline acquit divers terrains autour du vieux Forum, et les garda ou les fit garder jusqu'à ce qu'ils pussent être cédés à des ordres religieux. Fidèle à la recommandation que lui avait faite son neveu Pierre Perrin, l'apôtre du Maduré, de ménager sur la sainte montagne un emplacement où les Pères de la Compagnie de Jésus pussent s'établir en revenant de l'exil, elle décida son beau-frère, M. Perrin, à profiter d'une occasion favorable et à faire l'acquisition d'un terrain attenant à la chapelle, pour le garder pieusement jusqu'au retour des exilés. Aussi Pauline a-t-elle pu écrire plus tard au cardinal de Bonald : « Il n'existait, que je sache, aucune communauté religieuse sur la colline de Fourvière, quand notre bon Maître daigna se servir de sa très pauvre servante pour préserver ce coteau du danger d'être envahi par les petites bâtisses, rendez-vous de plaisir. Sans l'aide d'aucun journal, et d'aucun secours étranger (je mets à part mon père et ma sœur), soutenue par la protection divine, je réussis à écarter de ce lieu l'ennemi de ma céleste mère, et à grouper à ses pieds pour l'y honorer, différentes familles religieuses ».

CHAPITRE XII

LA COLONIE OUVRIÈRE

Notre siècle est l'époque des revendications sociales. Les diverses révolutions, les grèves, les émeutes, les théories des économistes et les rêves des philanthropes, tout est marqué à ce coin : la recherche du bonheur pour le peuple, la discussion du salaire de l'ouvrier, les conditions du travail. Comme si Jésus-Christ n'avait pas résolu dès longtemps la question en travaillant lui-même à la sueur de son front pour ennoblir le travail et en disant à ses adeptes : « Faites aux autres ce que vous voudriez qu'on vous fît », pour lier tous les cœurs par la charité et la fraternité !

Pauline, inspirée de Dieu, avait une vue claire du mal dont on ne voulait pas chercher le remède là où il était; elle avait l'intuition des bouleversements que gardait encore l'avenir. C'est pourquoi ses filles la trouvaient souvent la nuit, les yeux baignés de larmes, et comme anéantie au pied du Tabernacle. Une correspondance précieuse montre qu'elle se faisait une juste idée de l'aberration de certains travailleurs, de leurs exigences trop grandes, de leur déraisonnable ambition; et par contre, de la dureté, de l'égoïsme de quelques riches dédaigneux; ces deux extrêmes creusant ainsi un abîme que la charité seule aurait pu combler. « Le luxe s'accroît, écrit-elle ; la séduction de l'or étend son empire et multiplie le nombre de ses victimes.

« Il m'a été permis de voir en Dieu et avec une douleur profonde que les grands ravages causés par l'ennemi des âmes proviennent de *l'abus de l'or*. O Jésus ! vous avez racheté le monde avec votre sang et vos larmes, et non pas avec l'or et l'argent. En vous faisant homme, vous avez choisi la pauvreté et le travail, afin de guérir les convoitises de la nature déchue. Malgré cela, vous avez établi dans l'ordre social des rangs et des états pour le salut de vos enfants ; l'or et l'argent ont été prédestinés par vous au maintien de cet ordre social. Ils doivent donc, selon les desseins de votre Providence, avoir une bonne destination. Comme l'ensemble des êtres et des choses, ils sont sortis de vos mains pour servir à votre gloire. Hélas ! cher Maître, voyez à quelles fins on en use ! Pourquoi sont-ils ainsi violentés dans leurs fins ? Faites cesser une si grande perturbation. Rendez ces matières à leur destination en les faisant servir aux œuvres dont le but est de protéger l'innocence, de sauver la vertu, de consoler l'Eglise. Tandis que les pécheurs se servent de leurs richesses pour pervertir les âmes, vos enfants manquent du nécessaire. Voyez tant d'œuvres de salut qui végètent faute de ressources suffisantes. Jetez un regard sur la pénurie qui abat nombre de vos serviteurs. Epargnez-leur ces sollicitudes matérielles qui deviennent pour eux des préoccupations absorbantes. Mon Dieu, prenez en pitié les ouvriers chrétiens qui préfèrent encore la souffrance à l'abandon de votre loi. »

Et ailleurs, après un voyage en Italie, qu'elle fit pour revoir Grégoire XVI et s'éclairer auprès du cardinal Lambruschini.

« La plaie sociale dont souffre la France étant l'agglomération des ouvriers, je voudrais faire de cette agglomération même un moyen de salut. La nature ne transforme-t-elle pas en fleurs charmantes et en fruits exquis ce qui présentait l'aspect de la mort et de la corruption ?

« Chez l'ouvrier, la misère a affaibli peu à peu le courage et la vertu. Les personnes riches ne se doutent pas au sein de l'abondance et de la sécurité, de ce qu'éprouvent un père, une mère à qui des enfants demandent du pain quand le travail manque, ou que la maladie le rend impossible. J'ai compris le secret de tant de découragements et de tristesses, et je crois que, pour ramener l'ouvrier à la loi de Dieu il faudrait d'abord ouvrir son cœur à la confiance et à la joie en lui donnant un peu de bonheur. C'est pourquoi j'éprouve un ardent désir d'opposer *l'apostolat de l'amour et de la vérité* aux efforts de la haine et du mensonge.

« On dit que le travail ne manque à personne sinon aux paresseux, car on multiplie les ateliers, les usines comme on ne l'a jamais fait. Oui, mais il n'a jamais été plus difficile au travailleur chrétien de persévérer dans sa foi, car on cherche à la lui ravir par tous les moyens possibles. On méconnaît en lui le plus précieux besoin de l'âme et du corps en lui imposant l'obligation d'un travail continuel. Comment restera-t-il vertueux si la prière et la famille lui manquent, s'il ne peut raviver son âme et son cœur à ces deux sources bienfaisantes? Si, pour lui, le jour du Seigneur est semblable aux autres jours ; si, dans un milieu délétère où l'on blasphème le nom de Dieu, il entend parler aussi de liberté, d'égalité et de fraternité, se souviendra-t-il longtemps du nom que ces choses portent dans l'Evangile, et du sens qu'elles y ont ? Cela est impossible à moins d'un miracle de la grâce.

« Privé de toute affection légitime, l'ouvrier qui est loin des siens, souffre, se corrompt, et en arrive à trouver sa tâche insupportable, parce que la main de sa femme ou de son enfant n'est pas là pour essuyer la sueur de son front. Que de fois ce douloureux aveu m'a été fait ! Après une dure journée un pauvre travailleur disait en prenant sa petite fille dans ses bras : Ça me repose ! ça me rend la force de recommencer demain ! Simple et profonde révélation du cœur de l'ouvrier vertueux.

« Depuis dix ans surtout je cherche devant Dieu le moyen de remédier au découragement, à l'immoralité et à l'exaspération qui se manifestent de plus en plus dans les masses. Il me semble aujourd'hui avoir acquis la certitude qu'il faudrait d'abord rendre à l'ouvrier sa dignité d'*homme* en l'arrachant à l'esclavage d'un travail sans relâche ; sa dignité de *père* en lui faisant retrouver les douceurs et les charmes de la famille ; sa dignité de *chrétien* en lui procurant, avec les joies du foyer domestique, les consolations et les espérances de la religion... On obtiendrait doucement ce retour salutaire si l'on s'adressait d'abord au cœur de l'ouvrier pour ensuite arriver à son âme. Quand le cœur est gagné par la reconnaissance, il s'ouvre de lui-même à la lumière qu'on veut y faire pénétrer. C'est en vain qu'on essaie de moraliser le peuple en s'adressant à son esprit. Les cris de la douleur ou de la haine étouffent les plus éloquentes voix. Si vous voulez moissonner cent pour un, *soulagez, aimez* premièrement : vous moraliserez après. »

Nous avons cité quelques fragments des écrits de Pauline pour montrer combien elle se préoccupait du luxe insensé et de la hideuse misère qui souvent s'étalaient côte à côte ; pour faire comprendre quels vastes et beaux projets occupaient son esprit en faveur de la classe ouvrière ; quelle intention enfin elle avait en désirant procurer aux œuvres catholiques un peu de cet or dont la volupté abusait, dont l'Eglise aurait fait un usage si consolant. Les essais qu'elle avait tentés déjà auprès des ouvrières de Lyon et de Saint-Vallier lui avaient prouvé que son œuvre de moralisation et de sanctification par la douceur et la charité n'était pas une utopie. Comment donc, ayant au cœur une telle compassion et un zèle si ardent, n'aurait-elle pas saisi l'occasion de réaliser son plan quand cette occasion se présenta ? Ceux qui verraient autre chose dans l'entreprise tentée n'ont jamais senti cette compassion fondre leur cœur et ce zèle les pousser malgré eux. Que Dieu se soit servi de cette œuvre de Pauline pour en faire la goutte la plus amère du calice qu'elle devait boire, cela c'est le secret de sa Providence ; mais tout fut entrepris pour sa gloire et le bien des âmes.

Pauline avait recueilli à Nazareth une famille honorable et malheureuse, qu'elle connaissait depuis longtemps ; il y avait le père, la mère, et une jeune fille. Cette dernière fut demandée en mariage par un homme dont toutes les apparences proclamaient la piété et la charité. Il possédait, disait-il, de magnifiques immeubles que la jalousie cherchait à lui ravir par d'injustes procès. Si la fortune ne lui souriait pas en ce moment, il devait sous peu recouvrer ses richesses. Pauline avait pris des renseignements auprès de personnes très recommandables, habitant près d'Apt, où Gustave P... avait ses propriétés. Elle ne recueillit que des témoignages satisfaisants ; on le citait comme un chrétien exemplaire. Le mariage se fit. Connaissant les rêves charitables de Mlle Jaricot, le jeune homme lui offrit d'organiser de concert avec elle un établissement chrétien dans sa propriété de Rustrel, au pied de la petite montagne de Lure. D'un côté une grande route desservant Apt, Avignon et Marseille ; de l'autre, le torrent de la Doua pouvant entraîner les résidus de la plus vaste usine, paraissaient des commodités précieuses pour une colonie ouvrière. Gustave P... faisait valoir les grands bénéfices que donnerait cette exploitation ; on pourrait les consacrer à achever la chapelle de Notre-Dame-des-Anges sur la montagne de Lure, à bâtir d'autres églises dans les régions environnantes, etc.

Tout paraissait donner raison aux projets du jeune homme. Le minerai de fer se trouvait en abondance dans le voisinage ; quatre hauts-fourneaux ne demandaient qu'à fonctionner ; la vallée de Lure renfermait une grande quantité de matières propres à la céramique, et les montagnes d'alentour révélaient d'autres substances chimiques qui pouvaient également être mises en œuvre plus tard. Les rapports des divers experts envoyés par Pauline furent tous favorables; elle avait confiance en la probité de Gustave P.; elle vit là l'occasion tant cherchée de créer une colonie ouvrière très chrétienne et d'attirer sur les œuvres de l'Eglise catholique un peu de cet or que produit l'industrie et que beaucoup emploient si mal. Elle acheta donc cette propriété de cinq cents hectares, non pas sans hésitation; mais les scrupules qui l'arrêtèrent quelque temps furent ceux de l'humilité : elle craignait de laisser paraître son nom à la tête d'une œuvre sociale de cette importance. Le désir du bien l'emporta.

A cette même époque, en 1846, une marque précieuse de bonté lui fut donnée, qui semblait être la bénédiction du ciel sur ses projets. Le R. P. Berthier, missionnaire de Toulouse, revenant de Rome où l'avait conduit la cause de la Bienheureuse Germaine Cousin, monta à Lorette, envoyé là spécialement par Grégoire XVI pour apporter une bénédiction à sa fille de Fourvière. Le jour même où Pauline recevait cette bénédiction, le télégraphe annonçait la mort du Pontife.

Pauline savait bien que pour cette grande *Œuvre des ouvriers*, ses ressources ne suffiraient pas; elle comptait demander à d'autres personnes riches et pieuses des capitaux qui seraient placés sur l'usine et sur les terrains acquis alentour; une fructueuse rémunération les récompenserait de leur concours, et on formerait ainsi une espèce de *banque du ciel* qui viendrait au secours des œuvres catholiques en souffrance. En attendant la réalisation complète de ce plan, elle avait confié la gestion de l'usine à Gustave P. et en abandonnait momentanément les bénéfices à lui et à sa famille afin de leur permettre de relever un peu leur situation.

Malheureusement Gustave P. était un imposteur. Après avoir acheté l'usine au nom de Mlle Jaricot, il trompa une fois de plus ses nombreux créanciers et obtint d'eux par des promesses illusoires, des délais qu'il mettait à profit en dissipant les capitaux de Pauline. Pour avoir le temps de se mettre à couvert, il gagna les ouvriers en leur faisant des largesses tirées des fonds qui auraient dû payer l'usine, et en flattant leurs convoitises : « Vous n'êtes pas assez rétribués, mes amis, leur disait-il; fiez-vous à moi; je veux vous rendre riches ». On lui croyait donc une grande fortune et on ne disait rien.

Sa perfidie fut enfin reconnue. Il avait entretenu pendant une huitaine de mois avec Mlle Jaricot une correspondance qui montrait à celle-ci l'entreprise sous les meilleurs auspices lorsqu'elle vit arriver à Lorette une sommation d'avoir à payer dans un bref délai le prix de l'acquisition faite en son nom, les intérêts à partir du jour de la vente, et des dettes considérables contractées depuis lors par son mandataire. Ce fut un coup de foudre. Il ne fallait pas songer à retirer de ce désastre un débris quelconque de fortune; mais Pauline se demanda s'il n'y aurait pas moyen de conserver à l'Eglise et à la charité cette entreprise de Rustrel, et comment elle pourrait rembourser aux prêteurs complaisants les sommes empruntées.

A ces tortures de l'esprit vinrent se joindre celles du cœur. Quand nous réussissons dans nos œuvres le monde nous loue; si nous échouons il nous accable; on accusa la malheureuse fille d'avoir voulu s'enrichir aux dépens des autres, d'avoir usé de moyens frauduleux. Quel Calvaire à gravir ! Que d'amertumes à supporter! Et comme l'indignation lui montait aux lèvres pour le malheureux, cause de ces souffrances !

Les quelques familles modestes à qui elle avait cru rendre service en faisant placer là leurs économies, usaient d'une grande réserve et d'une grande délicatesse. « Ne vous inquiétez pas de nous, disaient-elles, la Providence nous viendra en aide ». Mais justement le regret de leur faire tort était une douleur plus poignante pour son cœur que les calomnies des jaloux et des égoïstes.

Gustave P. lui proposait des restitutions et des moyens de prolonger la situation, mais c'était par de nouvelles escroqueries envers d'autres personnes qu'il s'était procuré ces ressources. Pauline refusa avec indignation d'en profiter. Et cependant elle cherchait à sauver le domaine de Notre-Dame des Anges, de l'expropriation. Ne le pouvant pas seule, elle s'adressa pour demander conseil à des hommes qui profitèrent de ses embarras, et voulurent, sous prétexte de l'aider, s'approprier le peu qui lui restait. Ils lui firent contracter des dettes qu'elle ne devait pas pouvoir acquitter, et la laissèrent comme perdue dans le fond d'un abîme.

Trahie et trompée par tout le monde, elle dont la crainte unique était d'offenser Dieu, elle restait atterrée de cette mauvaise foi. Elle avait souhaité d'être immolée pour le salut de ses frères; elle l'était bien alors dans les parties vives de son âme. Notre vénéré Pontife Léon XIII parlant depuis de cette grande épreuve, y a vu l'effet des prédilections divines sur la sainte fille. Elle demandait au Seigneur quels étaient ses ordres dans cette extrême détresse. Au pied du Tabernacle et la sainte Eucharistie dans son cœur, elle suppliait Jésus de lui faire connaître sa volonté. Il lui sembla alors qu'une voix intérieure lui demandait un nouveau sacrifice. « Va tendre la main, disait la voix, et parler de ton œuvre dans toute la France... Je compterai tes pas, tes humiliations, tes fatigues, au profit de ceux que tu désires sauver. »

On reconnaissait en effet après un mûr examen que l'œuvre des ouvriers pourrait être sauvée et les dilapidations de Gustave P. réparées peu à peu. Deux hauts-fourneaux étaient en état de fonctionner et d'éteindre les dettes à la longue. Mais il fallait pour cela des avances considérables et les riches amis de Pauline s'étaient éloignés d'elle. Cependant, mendier, quitter sa famille spirituelle quand son âge et ses infirmités auraient réclamé du repos et l'affection de son entourage, quelle perspective ! aller tendre la main quand on a tant donné, quelle humiliation ! Dieu voulait, paraît-il, que nulle douleur ne fût épargnée à Pauline ; l'inspiration d'en haut se faisait pressante ; elle se décida. « Ayez bon courage, dit-elle à ses filles, de loin je vous enverrai tout ce que la charité me donnera ; vous le remettrez aux plus pressés ». Elle leur recommanda de ne pas blesser la charité, même envers ceux qui causaient ses souffrances. « Notre plus grand malheur, disait-elle, serait d'offenser Dieu ».

Elle allait partir quand éclata la révolution de 1848. Des bandes avinées parcouraient les rues en chantant *la Marseillaise* et menaçaient de tout mettre à feu et à sang. On parlait de *droit au travail*. La municipalité de Lyon, pour occuper ces forcenés, organisa comme avait fait Paris, des chantiers nationaux. Lorette fut désigné pour cet usage. Des centaines d'individus, hommes et femmes, vinrent arracher les arbres séculaires de cette chère solitude, détruire ces allées ombreuses où Pauline avait souvent versé son cœur dans celui de sa sœur Sophie, et jeter au vent les croix de Philéas Jaricot qu'on avait plantées le long des sentiers montueux. « Je devais me détacher de tout, dit Pauline ; j'aimais trop Lorette. Ce que je n'aurais pas eu la générosité de faire, la révolution l'accomplit. »

Le chantier fut transféré ailleurs quand il ne resta rien qui valut la peine d'être arraché.

Quand elle vit que le logis de ses filles ne risquait plus d'être envahi par ces hordes désordonnées, elle reprit son idée de départ. La partie inférieure de son corps était enflée ; elle avait des plaies aux jambes et ne pouvait voyager seule ; la fidèle Maria Dubouis l'accompagna. Hélas ! ce ne fut plus la chaise de poste du premier voyage d'Italie qui reçut la malade ; ce fut la rotonde d'une diligence : il fallait à des femmes pauvres les places les moins coûteuses. Pour oublier les grossièretés de l'entourage on disait le Rosaire en route ; pour supporter les fatigues causées par la maladie, la chaleur, l'incommodité de la position, on envoyait son âme se perdre dans la sainte volonté de Dieu.

CHAPITRE XIII

PAULINE SE FAIT MENDIANTE

Dans ce premier voyage, Pauline avait un triple but. Elle voulait juger par elle-même de l'état des choses à Notre-Dame des Anges, visiter dans différentes villes les zélatrices du Rosaire vivant sur le zèle desquelles elle comptait, aller confier ses épreuves et demander conseil au saint évêque de la Rochelle, Mgr Villecourt, homme rempli de lumière et de charité, qu'elle avait beaucoup connu, alors qu'il était à Lyon.

La visite à Notre-Dame des Anges lui fit toucher du doigt l'étendue des fourberies dont elle avait été victime, mais elle y sentit augmenter son désir de continuer l'œuvre, car les éléments accumulés en ce lieu étaient vraiment d'une grande richesse et pouvaient occuper un bon nombre d'ouvriers.

En quittant Apt, Pauline se rendit en diverses villes : à Carcassonne, Agen, Bordeaux, Saintes. L'une de ses anciennes amies la reçut durement et lui refusa tout secours ; mais toutes les haltes ne furent pas aussi malheureuses. En général les zélatrices du Rosaire vivant se montrèrent dévouées et témoignèrent à la pauvre exilée une affectueuse sympathie. A Bordeaux entre autres, les demoiselles de Villepreux, qui avaient connu Madame Perrin pendant son séjour dans cette ville, remirent à Pauline une somme de sept mille francs, bien qu'elles fussent depuis la Révolution dans un état précaire, et elles ne fixèrent point de terme pour le remboursement, afin de ne pas gêner la sainte fille. « Si même, ajoutèrent-elles, vous vous trouvez dans l'impossibilité de nous rendre notre argent, vous prierez Notre-Seigneur de nous payer lui-même dans le ciel capital et intérêts ».

Certes ! le voyage était pénible. Les frais en étant faits par la charité, il fallait aller au plus économique ; non seulement on retenait les dernières places dans les diligences, mais on se contentait de pain, de fruits et d'un peu d'eau mêlée de café pour toute nourriture. Maria Dubouis, malgré la vigueur de sa jeunesse, se sentait parfois épuisée par le manque de sommeil et par les privations ; comment Pauline avec ses souffrances, ses palpitations, son enflure, la chaleur excessive qu'il faisait, put-elle y résister ? C'est le secret de Dieu. On restait parfois à jeun très tard dans la journée afin d'atteindre une église et d'y demander la sainte communion. Ce réconfort n'aide-t-il pas à se passer de tout ? Dans certaines villes, le curé de la paroisse où elles s'arrêtaient, ému de compassion en voyant leur humble attitude et leur air de souffrance, s'empressait d'ouvrir le Tabernacle, à quelque heure du jour que ce fût. Dans d'autres endroits, des prêtres moins confiants les prenaient pour des aventurières et les rebutaient ; il fallait reprendre sa route, privé même de Celui qui fait supporter les autres privations.

A Bordeaux, Mgr Donnet était absent. Il avait beaucoup connu Pauline à Lyon, au moment de la fondation de la Propagation de la foi, car il faisait alors partie de la société des prêtres des Chartreux ; c'était donc un appui qui lui manquait. Mais à la Rochelle elle eut la consolation de voir longuement Mgr de Villecourt et de verser toutes ses peines dans cette âme qui s'intéressait tant à elle. Le saint évêque déplora le manque de prudence humaine qui avait présidé à l'entreprise, mais, hélas ! la prudence du serpent et la simplicité de la colombe sont si difficiles à marier ensemble. Devant la sincérité de Pauline, qui avouait sa faute en toute humilité; devant la charité héroïque qui seule l'avait poussée dans cette affaire, qui seule la faisait alors se désoler, car elle ne pensait qu'à ce que perdraient les autres, il fut attendri jusqu'aux larmes et traduisit ainsi son impression : « L'éminente vertu de cette coupable confond et embarrasse grandement son pauvre accusateur ».

Cessant alors ses réprimandes, il étudia la question de Notre-Dame des Anges, conclut qu'il fallait essayer de sauver cette petite colonie; et, pensant d'un côté que Pauline avait acquis des droits à la reconnaissance de bien des chrétiens par les deux grandes œuvres qu'elle avait fondées; ne craignant pas, de l'autre. d'imposer à cette grande âme une vie de sacrifices et d'immolation cruelle à la nature, il lui répéta ce qu'une voix intérieure avait déjà fait entendre à la sainte fille, et lui dit : « Retournez à Lyon pour y régler les affaires les plus urgentes et obtenir du temps. Ensuite vous irez solliciter partout des aumônes au nom de Jésus-Christ ».

Ajoutons qu'avec l'appui de cette parole autorisée, Dieu plaça sur la route de Pauline pendant ce voyage, une autre consolation. C'est alors qu'elle rencontra pour la première fois Mademoiselle Julia Maurin, dont le cœur ému à la vue de cette sainte voyageuse et touché par ce qu'en disait le cardinal de Villecourt, s'attacha profondément à elle, qui fut son auxiliaire et son soutien dans bien des circonstances ; qui, par la publication des écrits de Pauline et la relation des événements de sa vie, a su la première faire rendre justice à sa mémoire.

Pauline revint donc à Lyon. Sous la direction de ses filles, Lorette était toujours le centre du Rosaire vivant. L'abbé Rousselon ayant assez de ressources personnelles et de dévouement à l'œuvre pour se passer d'honoraires, continuait à desservir la chapelle, à s'occuper de la bibliothèque et des expéditions ordinaires de brochures ou d'objets de piété. Mais il fallut réduire les autres dépenses, supprimer les aumônes considérables qu'on faisait autrefois. Il fallut que Pauline cherchât un travail manuel pour assurer le nécessaire à ses filles pendant qu'elle s'absenterait. Puis il fallut s'entendre avec les créanciers, subir les menaces des uns et les dédains des autres. Elle puisait dans l'oraison et dans la communion la force de supporter tout cela sans se plaindre de personne, quoique son cœur débordât parfois d'amertume. Disons aussi que les autorités ecclésiastiques furent toujours une consolation pour Pauline. Ceux qui ont l'esprit large comprennent les imprudences des grands cœurs sans leur en faire un crime. Le cardinal de Bonald, tout en la blâmant affectueusement de son imprévoyance, lui témoignait un intérêt tout paternel; il allait la voir à Lorette et exigeait qu'elle vînt à l'archevêché chaque fois qu'elle avait à subir quelque épreuve nouvelle. Il lui était reconnaissant des deux œuvres dont elle avait doté l'Eglise et dont le diocèse de Lyon se trouvait le berceau.

Avant de partir, elle adressa aux associés du Rosaire vivant une lettre-circulaire dans laquelle, se comparant à une pauvre brebis prise par sa laine dans un buisson d'épines, elle conjurait les fidèles de Marie de venir, avec les douces mains de la charité, la délivrer sans se blesser eux-mêmes. On répondit d'abord à sa missive par des témoignages de sympathique vénération. On se proposait de fixer une cotisation de dix centimes par mois en faveur de l'œuvre des ouvriers; mais il fallait l'autorisation des supérieurs ecclésiastiques, et cela demandait du temps.

En juin 1849 la sainte mendiante reprit avec Maria Dubouis le chemin de l'exil. Le caractère de cette pieuse et dévouée compagne se peint dans le mot suivant qu'elle dit à Pauline. Celle-ci venait de recevoir une lettre de Mgr Retord, lui exposant familièrement ses vicissitudes de missionnaire. Au moment de lui répondre, elle avait dit à Maria : « Voulez-vous que je mette quelque chose de votre part ? — Eh bien, ma mère, avait répondu Maria, écrivez que Mgr Retord dans ses forêts et nous dans les diligences et dans les rues, nous souffrirons tout pour le bon Dieu en répétant du fond du cœur : Vive la joie de Jésus *quand même*! » Ce mot d'une fille toute simple plut tant au missionnaire qu'il le répétait encore au moment de mourir.

Il était bien de mise dans le voyage, et c'était bien *quand même* qu'il fallait se réjouir et bénir Dieu, car, outre les incommodités physiques, les déceptions et les avanies alternaient avec les réceptions cordiales et les accueils fructueux. A Moulins, le comte d'Orsay promit son concours pour l'Œuvre des ouvriers. A Paris, où Pauline voulut voir d'abord le nonce apostolique, Mgr Raphaël Fornari témoigna aussi sa sympathie pour l'entreprise, et entrant dans les vues de Mgr de Villecourt, il conseilla à Pauline de faire valoir son titre de *fondatrice de la Propagation de la foi* pour demander que l'on prélevât pendant quelque temps sur les aumônes considérables recueillies pour cette œuvre, un tant pour cent destiné à la sortir de l'abîme où elle se débattait, et à remettre à flot une œuvre qui avait pour objet *la conservation de la foi*.

Le conseil de la Propagation fut moins bienveillant. Jamais Pauline n'accusa ses membres d'avoir eu conscience du mal qu'ils lui firent. Ils avaient reçu de leurs devanciers une tradition erronée ; ils la maintenaient. On refusa d'abord de lui reconnaître ce titre de fondatrice « qu'elle n'avait jamais réclamé jusquela ». Hélas ! non, elle ne l'avait jamais réclamé, car il lui suffisait que le bien se fît pour qu'elle fût contente, et il lui en coûtait assez à ce moment de se prévaloir de ses bonnes actions. On alla jusqu'à lui dire :

« Pourquoi vous êtes-vous mise dans la nécessité de recourir à la charité publique, trop souvent *exploitée?* » Ces mots cruels entrèrent comme un glaive dans le cœur de celle qui avait tant donné, et par laquelle encore des millions arrivaient à l'Eglise. Mademoiselle Julia Maurin, qui l'avait rejointe à Paris, se trouvait avec elle en ce moment. Toutes deux entrèrent à Saint-Sulpice ; ce fut devant le tabernacle que Pauline vint soutenir la lutte qui se livrait dans son cœur, recouvrer le calme de l'âme et la force de dire : *Fiat!*

Elles étaient incessantes, ces luttes morales, ces luttes du moi humain contre la honte et l'injustice. Quelques-uns osaient reprocher durement à Pauline son orgueil, sa cupidité, son ambition. Aussi quand son amie lui demandait : « A quoi pensez-vous en allant d'un hôtel à l'autre ? — Aux stations du chemin de la croix », répondait-elle tristement. Tout cela lui brisait tellement le cœur que les souffrances physiques ne paraissaient plus rien en comparaison. Et cependant que de fatigues amenaient ces longues courses dans Paris, faites avec de l'enflure et des plaies aux jambes? Si par moments la douleur devenait insupportable et l'empêchait d'avancer, Pauline disait à sa compagne : « Arrêtons-nous un peu ; voilà une belle borne... un beau seuil de porte..., je vais m'y asseoir comme dans un fauteuil, et ensuite vous me verrez toute *guillerette* ». Son invocation habituelle dans les peines et dans les orages, c'était le *Gloria Patri* ; il lui redonnait confiance et courage.

Enfin, après bien des démarches, un Comité fut organisé pour sauver l'Œuvre des ouvriers. Trois ecclésiastiques distingués furent mis à la tête par le nonce lui-même : M. l'abbé Martin de Noirlieu, curé de Saint-Louis d'Antin ; M. l'abbé Hanicle, curé de Saint-Séverin, et M. l'abbé Dufriche-Desgenettes, si célèbre à Notre-Dame-des-Victoires. Celui-ci publia le 18 septembre 1849, une lettre adressée à *tous les cœurs charitables*, dans laquelle, rappelant les grandes fondations catholiques de la Propagation de la foi et du Rosaire vivant, que l'on devait à Mlle Jaricot, il expose l'œuvre sociale à propos de laquelle cette dernière s'est mise dans l'embarras, et fait appel à la générosité des fidèles en assurant de l'intervention du Comité dans tout ce qui regarderait l'œuvre. Dix évêques donnèrent à Pauline des recommandations semblables. La plus expressive, la plus pressante fut celle de Mgr de Villecourt; il rappelle qu'il était à Lyon au moment où s'organisait la Propagation de la foi. « Rien ne m'a paru plus digne d'admiration, écrit-il, que l'humilité de la pieuse fondatrice qui, après avoir trouvé le plan et les bases de cette œuvre, en a laissé la gloire à d'autres, et n'a voulu pour elle que l'oubli, le silence et le recueillement. » Il termine en exprimant l'espoir que ni Dieu ni les chrétiens fidèles n'abandonneront une telle âme.

On conseilla à Pauline de joindre à ces témoignages un exposé de ses désirs et de ses espérances au sujet de la colonie ouvrière. Elle le fit, expliqua comment une légère aumône qui serait généralisée, pourrait sauver l'œuvre et en assurer le perfectionnement. Mais pour cela il fallait un concours général des bonnes volontés ; il fallait que tous les membres de la Propagation de la foi et du Rosaire vivant consentissent pendant cinq années à cette faible augmentation. Les petits et les pauvres témoignèrent de leur sympathie : hélas ! c'était pour eux que Pauline parcourait les routes, qu'elle frappait aux portes. Les riches parurent ne pas comprendre l'opportunité de ce bien à faire aux ouvriers. Quant à la souscription générale qu'elle demandait, on n'y consentit pas, de peur, disait-on, de nuire à la Propagation de la foi et à la Sainte-Enfance. Et cependant les créanciers menaçaient de faire vendre Notre-Dame-des-Anges et Lorette dans un bref délai. Le témoignage sympathique d'un apôtre zélé mais pauvre comme Pauline, lui fut donné à ce moment par Mgr Emmanuel Verrolles, qui était venu aussi à Paris quêter pour son peuple en détresse, et qui portait la trace des supplices endurés pour son Maître ; il eut de longs entretiens avec Mlle Jaricot. Avant de partir il lui laissa, en son nom et au nom de la mission de Mandchourie, la souscription de cinq années demandée aux associés. C'était peu de chose en soi ; mais l'adhésion, l'approbation d'un apôtre et d'un martyr console et fortifie.

CHAPITRE XIV

QUÊTES DANS LE CENTRE ET LE NORD DE L'EUROPE

C'en était bien fait des jours tranquilles et recueillis pour la pauvre Pauline. Exilée de ce qu'elle n'osait plus même appeler un chez-elle, elle s'en allait par tous les chemins où pouvait briller une lueur d'espoir. On avait pensé qu'il serait bon de faire connaître l'œuvre de Notre-Dame-des-Anges au comte de Chambord, et qu'en mettant sous son patronage cette entreprise populaire on lui attirerait peut-être les sympathies de la classe ouvrière. Il fut décidé qu'on irait à Frohsdorf. On ne pouvait en ce moment traverser la Suisse à cause des troubles qui régnaient dans ce pays ; il fallait gagner l'Allemagne par le nord, ce qui faisait un voyage long et pénible. L'état de Pauline ne lui permettant pas de l'entreprendre, elle confia un mémoire détaillé à sa pieuse amie, Mlle Julia Maurin, qui se chargea de la remplacer pour certaines cours étrangères. Mgr Fornari, de son côté, avait désigné comme guide capable d'aplanir bien des difficultés, le R. P. de Magallon, petit-fils du marquis d'Argens, qui avait conservé des relations avec les cours de Berlin, de Vienne et de Frohsdorf. Pendant ce temps Pauline devait se rendre à Lille.

La duchesse d'Angoulême reçut affectueusement les voyageurs et leur donna une royale hospitalité. Le comte de Chambord parut comprendre le désir exprimé, de rendre Dieu à l'ouvrier, l'ouvrier à la famille pour le plus grand bien de la société ; mais des influences néfastes, souffle de Satan sans aucun doute, se firent sentir sur l'esprit du prince. On lui présenta l'œuvre de Notre-Dame-des-Anges sous des couleurs équivoques ; on lui persuada que son adhésion à une telle affaire pourrait mettre obstacle à son retour en France, et que, très prochainement sans doute, remonté au trône de ses pères, il verrait alors ce qu'il y avait à faire pour le bonheur du peuple. Le comte, tout en se recommandant aux prières « de la sainte femme qu'était Mlle Jaricot », ne lui vint point en aide.

A Vienne, le jeune empereur, sur la bienveillante recommandation du Nonce apostolique, donna cinq cents francs pour l'œuvre régénératrice ; Marie-Thérèse de Bragance, épouse de Charles V, offrit également aux quêteurs un témoignage de sa sympathie.

A Berlin, Frédéric-Guillaume remit d'abord mille francs au R. P. de Magallon, puis en envoya encore cinq cents à Mlle Maurin ; mais il prononça surtout une parole qui donnait la mesure de son estime pour l'entreprise : « Si au lieu de fonder cette œuvre en France, dit-il, on la fondait en Prusse, je donnerais avec joie un cautionnement de quatre cent mille francs pour en faciliter les débuts, car, bien que protestant, je reconnais la supériorité de vos œuvres sur les nôtres. »

Quand Pauline avait appris que le descendant de ces rois qui avaient tant aimé la France, se laissait circonvenir par des considérations aussi mensongères que peu politiques, cette déception raviva toutes ses blessures, et son âme eut un cri de détresse. Elle quitta celle qui lui faisait le récit du voyage pour aller au pied de l'autel soutenir ce nouveau combat. Quand elle en revint, elle était plus calme. « Après tout, dit-elle, Dieu me reste... Plus que moi encore il désire le salut des âmes... Ah ! qu'il fera bon au ciel ! »

Toutes les amertumes devaient découler goutte à goutte sur ce cœur broyé et meurtri. Pendant qu'elle était à Lille on s'efforçait de dissoudre sa petite

Société de Marie ; on disait aux jeunes filles qui la composaient et que Pauline avait formées à la piété, au travail, à la vertu, qu'elles ne pouvaient plus demeurer auprès de leur mère. Une ou deux défections s'étaient déjà produites ; Pauline écrivit aux brebis fidèles des lettres pleines de cœur pour leur rendre le courage et l'espoir. Elle comptait d'ailleurs pour ramener les autres sur une de ses filles qui lui était toute dévouée, Marie Melquion, une des novices venues autrefois de l'Hôtel-Dieu. Cette pieuse fille rendit en effet de grands services au Rosaire vivant, et par deux fois envoyée à Rome pour y négocier des affaires délicates, elle les mena à bonne fin.

A Lille, Pauline réunissait les associées du Rosaire vivant, les exhortait, les affermissait dans le bien. On aimait entendre sa voix, et des sympathies commençaient à se manifester pour Notre-Dame-des-Anges, quand un autre incident vint couper court aux espoirs qu'on formait. Il y avait huit jours seulement que Pauline était dans cette ville quand elle reçut d'une personne très haut placée, l'invitation pressante de revenir immédiatement à Paris ; on l'assurait qu'une chance certaine s'y présentait pour son œuvre. Etait-ce l'effet d'une légèreté ne pesant pas ses paroles et ne tenant pas compte des fatigues d'une pauvre femme dont on se croyait permis de faire bon marché depuis qu'elle était malheureuse ? Etait-ce un mauvais vouloir cherchant à enrayer des efforts qui auraient pu être fructueux dans une ville portée comme Lille aux œuvres catholiques ? Toujours est-il qu'une fois revenue, elle trouva que les assurances données n'étaient que des promesses évasives ne signifiant rien du tout. D'autres embarras survenus l'empêchèrent de retourner à Lille, et elle reprit ses courses dans Paris, où le premier monastère de la Visitation lui donnait l'hospitalité.

La vie qu'elle y menait aurait dû fermer la bouche,

s'ils avaient pu en être témoin, à ceux qui l'accusaient d'ambition et de cupidité. Des deux pièces mises à sa disposition par les filles de saint François de Sales, elle avait laissé la plus vaste à son amie Julia Maurin, sous prétexte que la jeunesse a besoin de plus d'air et d'espace ; elle n'avait gardé pour elle et pour Maria Dubouis, dont ses infirmités lui rendaient la présence nécessaire, qu'un cabinet étroit, sombre et sans cheminée, semblable à une cellule de religieuse. Là elle endura les chaleurs de l'été et le froid de l'hiver. Quand arrivait l'heure des repas, si on se trouvait à proximité du Sacré-Cœur ou de la Visitation, on avait là une ressource assurée ; si les démarches à faire avaient conduit trop loin dans Paris Pauline et sa compagne, elles achetaient un peu de pain pour leur dîner et se désaltéraient à la fontaine voisine.

Tout ce que Pauline recevait, tout ce qu'avait rapporté son amie de ses quêtes à l'étranger, s'en allait apaiser les créanciers, leur faire prendre patience, retarder la vente de Notre-Dame-des-Anges. Ah! c'était là l'ambition, puisque d'ambition on l'accusait, de celle qui avait vécu dans l'opulence et qui dînait de pain et d'eau. Elle oubliait toutes ses privations quand elle exposait ses vues, ses projets, elle croyait voir dans l'avenir son rêve réalisé. Selon elle en effet, Notre-Dame-des-Anges devait être, non une seule œuvre, mais un centre d'œuvres convergeant vers le même but : l'apaisement des convoitises et des haines sociales par le retour des masses à la religion. Là les petits enfants des ouvriers devaient trouver l'instruction ; on leur faciliterait l'entrée d'une carrière, et ils devaient revenir toujours à l'usine comme à la maison de famille. Une fois les frais et les dettes payés, on constituerait, avec les bénéfices de l'exploitation un capital dont les revenus à 5 % seraient versées chaque année dans une caisse de prêts sans intérêts, destinée à aider les œuvres souffrantes ou naissantes qui auraient pour objet la gloire de Dieu et le salut des âmes, c'est-à-dire la régénération de la société par le moyen de la foi. De plus elle espérait réunir sous les ailes maternelles de Notre-Dame-des-Anges une pépinière d'ouvriers intelligents et solidement vertueux. Passés maîtres dans tous les genres de travaux, même dans les arts si on pouvait, ils iraient au loin exercer leur salutaire influence dans les usines, les ateliers où les chefs les demanderaient. L'intention de Pauline était d'organiser sous le regard de Dieu l'apostolat de l'ouvrier par l'ouvrier lui-même au milieu des réunions d'ouvriers, afin d'opposer cet apostolat à celui de l'impiété qui fait tant de victimes.

C'était ce tableau miroitant devant ses yeux qui la soutenait dans ses courses et ses démarches à travers Paris, qui lui faisait supporter les injures reçues à certains jours par des gens à qui elle avait donné beaucoup, et qui ne pouvaient croire qu'elle n'eût plus rien à donner.

Pendant qu'elle frappait à toutes les portes de la capitale, sa dévouée amie, sur le conseil du P. de Ravignan, qui s'intéressait beaucoup à Pauline et à son œuvre, prenait la route de l'Angleterre. Le saint religieux lui avait donné des lettres de recommandation. Bien des embûches furent dressées à Londres sous les pas de l'intrépide quêteuse, mais elle trouva aussi de consolantes sympathies et de précieuses protections dans Mgr Wisemann et la plupart des évêques de la Grande-Bretagne; dans le R. P. Ignace de Saint-Paul, ancien lord devenu religieux de l'ordre des Passionistes, et qui lui-même mendia dans les rues de Londres, l'obole des catholiques en faveur de la classe ouvrière; dans le R. P. de Held, supérieur des Rédemptoristes de Clapam, près de Londres, qui dit un jour à Mlle Maurin en lui remettant une assez forte somme : « Envoyez cette goutte d'eau à votre sainte amie, et rappelez-lui que je n'oublie pas son généreux concours à notre fondation, en Belgique. Malgré son extrême détresse, elle a certainement plus de débiteurs que de créanciers. »

L'évêque de Clifton travailla de tout son pouvoir à faire connaître l'œuvre de Pauline. L'archevêque de Dublin, pasteur d'un peuple en proie à la famine parce que les pommes de terre avaient manqué, envoya deux livres sterling, s'excusant de ne pouvoir faire mieux et écrivant à Mlle Maurin que, si elle voulait venir en Irlande après la fonte des neiges, elle serait accueillie avec bonheur par ses pauvres enfants « qui n'oublieront jamais, disait-il, ce que la fondatrice de la Propagation de la foi a fait pour les secourir. Tous vous offriront avec joie leur obole, et ceux qui ne l'auront pas, iront la mendier pour venir au secours de celle à qui tous les catholiques de la terre doivent tant de reconnaissance ». Pauline, à qui cette lettre admirable fut envoyée, répondit que prendre au mot de tels cœurs serait accepter le prix du sang, et n'en resta pas moins touchée de la bonne volonté témoignée.

Le vicomte de Stuart, dernier descendant de sa race, envoya une offrande en demandant de l'inscrire au nom de Marie Stuart, reine de France. L'illustre Newmann parla en faveur de l'Œuvre des ouvriers et ajouta que le nom de la fondatrice de la Propagation de la foi était à lui seul un appel bien puissant à l'intérêt et au concours de tous les catholiques. Mgr Gillis, évêque d'Edimbourg, c'est-à-dire d'un pays ravagé par l'hérésie, se montra désolé de ne rien pouvoir pour le moment. Il assura qu'il chercherait les moyens de témoigner à Mlle Jaricot toute la reconnaissance dont il lui était redevable « pour l'intérêt, dit-il, qu'elle a bien voulu prendre à nos œuvres dans le temps de la fondation de notre premier couvent ». La reine exilée, Marie-Amélie, qui habitait alors au château de Claremont près de Londres, s'inscrivit pour deux cents francs sur la liste des bienfaiteurs de l'œuvre, s'excusant de ne pouvoir faire ce qu'elle aurait fait si elle eût été encore aux Tuileries.

Ce voyage à travers les îles Britanniques avait donc permis d'envoyer quelques acomptes aux créanciers; mais de nombreuses difficultés, entre autres l'opposition des protestants jointe aux rigueurs de l'hiver, obligèrent Mlle Maurin de cesser sa tournée charitable.

Avec des consolations, les quêtes à l'étranger apportaient aussi leur amertume par les comparaisons qui s'établissaient d'elles-mêmes. En Allemagne, en Autriche, en Angleterre, le nom de la fondatrice de la Propagation de la foi était connu et vénéré de tous les catholiques; en France, beaucoup cherchaient à l'évincer; d'autres la persécutaient. Les habitants de Nazareth autrefois avaient voulu faire mourir Jésus parce que les peuples l'acclamaient, et le Sauveur avait dit : Nul n'est prophète en son pays. Desseins mystérieux de la Providence qui veut que l'âme soit broyée par l'épreuve comme le grain sous la meule ! La parole divine était vraie encore et toujours.

CHAPITRE XV

VOYAGE DANS L'OUEST DE LA FRANCE. — RETOUR A LYON
LA RAMPE DE FOURVIÈRE.

Les petits acomptes donnés avaient enrayé jour par jour la marche de l'expropriation, mais étant insuffisants comme ils l'étaient, les charges s'accroissaient continuellement par les intérêts accumulés, et par ces procès iniques dont la malice et la mauvaise foi accablent ceux qui sont déjà dans la peine. Aussi Mlle Maurin, en rentrant à Paris, trouva-t-elle son amie en proie aux angoisses morales comme aux douleurs physiques. Elle avait sollicité une seconde fois la souscription de dix centimes par mois pendant quelques années; les comités s'y refusaient encore, bien que les associés de la Propagation de la foi et du Rosaire vivant se montrassent disposés à ce faible sacrifice. Des défections et des injustices lui vinrent de personnes aimées ou vénérées; les calomnies ne lui étaient pas épargnées. Courbée sous le poids de ces tortures et d'une atroce pauvreté, elle offrait ses prières et ses larmes pour le salut de la France. Anéantie sous ce pesant fardeau, elle écrivait cependant : « Je sens que j'espère, au lieu de me résigner... L'œuvre de Dieu se fera avec toute la plénitude de sa miséricorde... La verrai-je de mes propres yeux ? Je ne le sais pas. Il se pourrait que notre bon Maître voulût me laisser succomber sous la croix. Mais il me semble que la résurrection de son œuvre arrivera, alors même que je descendrais dans la tombe, humiliée et confondue ».

Elle ne se trompait pas. Si son rêve ne se réalisa point dans l'établissement même pour lequel elle souffrait et travaillait, l'idée qui germait en son esprit, passa en d'autres cœurs; et ces dernières années ont vu dans certaines régions de la France, des hommes de foi et de courage organiser des colonies ouvrières qui ont pleinement réussi.

Tandis que Mlle Maurin se rendait au Mans où les associés du Rosaire vivant se montraient disposés à organiser une souscription pour Notre-Dame-des-Anges, Pauline se dirigea plus à l'ouest. Elle revit à la Rochelle Mgr de Villecourt, qui lui recommandait toujours de faire valoir sans timidité son titre de fondatrice de la Propagation de la foi. M. Bautain, trésorier de cette œuvre, consentit à se constituer trésorier de Notre-Dame des Anges. Elle fut reçue très affectueusement par le comte et par la comtesse de Falloux. Elle alla jusqu'à Nantes et réussit à envoyer quatre mille francs à Lyon. Mais combien pénibles étaient ces voyages ! Sa fidèle compagne Maria Dubouis en a rapporté quelque chose.

« Dans un grand sac de toile, dit-elle, que je portais sur le dos, se trouvaient deux coussins et une couverture avec lesquels je tâchais de faire pour la nuit une couchette à ma pauvre mère ; puis, nos hardes, des livres et deux médaillons en fonte qu'elle aimait à montrer pour prouver la belle qualité du minerai de Notre-Dame des Anges. Dans un sac noir que je plaçais sous mon bras gauche, je mettais les papiers d'affaires, puis des médailles, des croix, des chapelets, que notre mère distribuait à ses compagnons de route, car elle saisissait toutes les occasions possibles de parler de Dieu, surtout aux petits enfants. Tout cela était si lourd que souvent je sentais des douleurs dans mes os comme s'ils allaient se briser, mais je ne disais rien et je marchais toujours, soutenant du bras droit notre mère qui, très fatiguée, s'appuyait de tout son poids.

« Quand les enfants ou les commissionnaires nous voyaient ainsi surchargées, ils couraient après nous en nous offrant de porter nos bagages, ce que nous n'acceptions pas, vous comprenez pourquoi. Alors ils se moquaient de nous. Moi j'étais jeune, forte et habituée à une vie dure ; mais pour notre mère, ce n'était pas cela, aussi je me désolais des privations et des fatigues qu'elle acceptait, elle, avec gaîté comme si elle n'en eût pas souffert. Un jour que nous avions fait une longue route, la diligence s'étant arrêtée devant une petite auberge, elle demanda pour moi une soupe et pour elle un mets qu'elle détestait. Je fus bien étonnée de ce choix, mais je n'osais faire aucune réflexion devant les personnes présentes. Quand les voyageurs furent sortis, voyant qu'elle avait de la peine à manger, je lui dis : « Mais, pauvre mère, quel régal vous donnez-vous là ? » Elle regarda autour d'elle, et nous voyant seules, me répondit sur le ton de la plaisanterie : « Petite, vous ne connaissez pas encore toutes mes ruses de guerre : j'ai choisi ce régal pour n'avoir pas de longtemps envie de manger ». Ah ! je sentis mon cœur se gonfler, et j'eus peine à retenir mes larmes ».

Ce que disait Maria des conversations de sa chère mère était vrai. Pauline faisait de ses voyages une sorte d'apostolat ; elle jeta ainsi en passant sur les routes plus d'un mot de consolation ou d'édification qui germa dans les âmes par la grâce de Dieu, et se trouva un jour ou l'autre de produire quelque fruit. Son cœur tendre se portait surtout vers les petits enfants. — « Connais-tu le bon Dieu, demandait-elle quand elle en rencontrait quelqu'un ? Sais-tu qu'il t'aime beaucoup ? Et l'aimes-tu un peu ? »

Quand elle était à pied et qu'on s'apitoyait sur elle en la voyant marcher péniblement : « Ne me plaignez pas, disait-elle, le ciel me reste. Et puis, mieux vaut aller à pied pour la gloire de Dieu qu'en voiture pour la gloriole du monde ». Et si, à certains moments, ses jambes refusaient le service, elle s'arrêtait dans une église et puisait devant le Tabernacle la force de l'âme, en attendant que revînt celle du corps. C'était bien là le meilleur des refuges.

Une de ses prières habituelles était celle-ci : « Mon Dieu, donnez-nous des saints ; eux seuls purifient, réjouissent et consolent la terre ». Sans saisir encore les vues de Dieu sur elle, elle se trouvait jetée dans ce moule de la croix où Dieu les fait, les saints ; dans ce creuset où il faut se dépouiller de tout le moi humain et se laisser broyer par la main du divin Ouvrier. Ses lettres à Marie Melquion restée à la tête de la petite colonie de Lorette, nous montrent à quel point son âme s'épurait de jour en jour et planait déjà bien haut près du divin Sauveur. De ce côté là cependant, un glaive de douleur venait aussi transpercer son cœur maternel. Cédant à d'insidieux conseils, plusieurs de ses filles spirituelles, sa nièce entre autres, la fille de sa sœur Sophie, se disposent à quitter la maison. A cette nouvelle elle répond à celle qui la remplace que l'heure de Dieu viendra certainement après l'heure des hommes, mais qu'il faut savoir attendre. « L'enfer est pour quelque chose, dit-elle, dans l'âpreté du combat qu'on nous livre. Amie et compagne de mes épreuves, aussi bien que des grâces de Jésus, vous avez expérimenté avec moi sa puissance et son amour... Souvenez-vous des jours de Lyon 1830, 1832, 1834... Comment alors le Seigneur s'est-il montré, sinon un tendre père, un fidèle consolateur ?... Rappelez-vous les bénédictions de Grégoire XVI, les grâces de Mugnano, les merveilles de la montagne de Fourvière, notre délivrance des francs-maçons quand nous avons voulu peupler notre montagne d'amis de Dieu, les dangers qui nous ont environnées depuis 1848... Tout cela considéré, ô ma bien-aimée, ne craignez rien ! attachez-vous avec moi à la croix de Jésus, et restons-y, soumises, inébranlables, jusqu'à ce qu'il plaise à notre Dieu de faire couler le torrent de ses miséricordes sur nous et sur son peuple. »

Elle devait être grande la force d'en haut donnée pour supporter l'épreuve, car chaque jour l'horizon se faisait plus sombre. Après ces tristes pérégrinations par les routes du monde, faites en souffrant toutes les incommodités et en tendant la main, il fallut se rendre à l'évidence. On avait obtenu des atermoiements : c'était tout. Le mauvais vouloir évident de certains paralysait ce que d'autres auraient pu faire; il fallait, en se brisant le cœur, renoncer à l'œuvre tant aimée et la livrer de ses mains aux exécuteurs.

Pauline revint donc à Lyon, vaincue et désemparée ; elle franchit triste et humiliée la porte de Lorette où sept places étaient devenues vides, mais où les pieuses filles qui restaient protestèrent de leur dévouement absolu. Ses ennemis allaient jusqu'à persécuter Mgr de Bonald pour obtenir de lui la condamnation formelle de Pauline, alors que le prélat, timide cependant par caractère, cherchait à lui donner quelque marque de sa paternelle sympathie. Elle laissa gronder autour d'elle les calomnies et les outrages, elle qui avait consacré trente années de sa vie à faire du bien à tout le monde. Complètement isolée du côté de la terre, méconnue par les uns, accusée par les autres, elle ferma pour ainsi dire les yeux comme fait celui qui voit approcher un danger imminent, et se livra sans réserve à l'action de la Providence. Elle écrivit le 29 janvier 1851 un acte de consécration à la sainte Vierge dans lequel elle s'abandonnait complètement à cette bonne Mère sans rien réserver de sa personne ou de sa volonté. Dieu, qui depuis longtemps avait marqué l'holocauste, dut le recevoir pour agréable des mains de sa très douce mère.

La pauvreté était grande à Lorette, dans cette maison d'où étaient sorties tant d'aumônes. On changea l'heure de certains exercices à la chapelle afin d'en reporter davantage au soir et de garder le jour pour le travail, car on ne pouvait acheter que peu d'huile. Plus d'une fois la pourvoyeuse s'en alla au marché avec 1 franc ou 1 fr. 50 pour acheter la nourriture de huit personnes ; plus d'une fois aussi les pauvres filles furent témoins de multiplications extraordinaires, et là où on n'avait pas cru trouver de quoi dîner, il restait quelque chose pour le lendemain. Quand le travail manuel manquait, ou que la maladie le rendait impossible à quelques-unes, il fallait se contenter d'une soupe de pain bouilli dans un peu d'eau salée. Une fois on avait prié la petite communauté de faire une neuvaine à sainte Philomène pour la guérison d'une jeune fille en danger de mort. La malade ayant recouvré la santé, sa famille envoya à Lorette comme témoignage de reconnaissance une petite provision de riz, de charbon et de pommes de terre. Ce don fut reçu avec joie par les pauvres filles habituées à de dures privations.

En 1852 Pauline eut avec le saint curé d'Ars une dernière entrevue dans laquelle ces deux grandes âmes ne purent que s'exciter à l'abandon complet aux volontés de Dieu. Puis, elle dut laisser vendre l'usine et les terrains de Notre-Dame des Anges, sur lesquels elle édifiait tant de rêves. On profite toujours de l'embarras des malheureux pour les accabler davantage; ce qui avait été estimé cent quatre-vingt-dix mille francs au moment de l'achat, fut vendu quarante mille; et ce qui peina surtout Pauline, c'est que les plus riches créanciers ayant pris hypothèque sur l'immeuble, profitèrent seuls de cette somme. Les pauvres ouvrières qui lui avaient de si grand cœur confié leurs économies, celles qui avaient été ses premières associées de la Propagation de la foi, celles qu'elle aurait voulu désintéresser les premières, ne reçurent rien. Quant au surplus de la créance, on le transporta sur Lorette dont la saisie fut opérée.

L'envie de sauver cette propriété qu'elle avait exclusivement consacrée à la mère de Dieu, inspira à Pauline une idée ingénieuse. C'est pendant une de ses veilles que soudain jaillit en son esprit l'inspiration d'ouvrir dans le clos une rampe par laquelle les pèlerins pourraient monter directement à Fourvières, moyennant une rétribution de cinq centimes. Le cardinal de Bonald applaudit à ce projet; le Préfet du Rhône en autorisa l'exécution. Un entrepreneur se montra disposé à faciliter les travaux, et Pauline se résigna aux humiliations et aux fatigues d'une quête journalière dans la ville afin de payer chaque soir le travail des ouvriers.

Le 8 décembre, jour de l'Immaculée Conception, on put livrer cette rampe au public. Des milliers de pèlerins y passèrent pour aller saluer celle qui est la gardienne de la cité, et dès la première année le passage donna quatorze mille francs de bénéfice, tous frais payés. Mais cette fois encore Pauline eut la douleur de voir la somme partagée entre les créanciers à hypothèque, Lorette se trouvant sous le séquestre, et les humbles, les petits furent encore oubliés.

Le 12 mai 1854, un de ses protecteurs et de ses confidents, le cardinal Lambruschini lui fut enlevé par la mort. Elle correspondait toujours avec l'apôtre du Tonkin, Mgr Retord ; mais, prenant part autant qu'elle le pouvait, aux épreuves du saint missionnaire, elle n'osait exposer les siennes pour ne pas ajouter à la peine de l'homme de Dieu, et se bornait en d'admirables lettres, à tenir haut leurs deux cœurs.

Dieu lui suscita cependant encore des aides et des consolateurs avant l'abandon final qui devait marquer la dernière heure. C'étaient le comte Arthur de Brémond, ancien capitaine aux gardes du corps sous Charles X, et la comtesse de Brémond, puis la mère Saint-Laurent, supérieure des Ursulines de Chavagnes-en-Vendée, qui avait connu et logé Pauline à la Rochelle, et l'avait mise en rapport avec la famille de Brémond. Pauline appelait ces trois personnes « ma bienfaisante trinité ». Le comte, en effet, suivant les conseils de notre héroïne qui lui disait de ne négliger aucune aumône si minime fût-elle, et de se souvenir que par des gouttelettes d'eau les nuages fécondent la terre, le comte arrivait à envoyer certaines sommes à celle qu'il appelait « la pauvre de Marie », et celle-ci se hâtait de remettre ces ressources de la charité qui au moins ne tombaient pas sous le séquestre, à ses plus humbles créanciers, à ces ouvrières qui ne se plaignaient point et ne la tourmentaient pas. Une fois qu'elle avait reçu de ses bienfaiteurs onze cents francs dûs à une pauvre famille de l'Isère, elle envoya promptement Maria Dubouis porter cette somme. La sainte fille, après s'être perdue dans les montagnes voisines de Vienne, avait manqué la voiture qu'elle devait retrouver en cette ville, et, pour ne pas tenir trop longtemps sa chère mère dans l'inquiétude, était encore revenue à pied pendant la nuit, de Vienne jusqu'à Lyon.

CHAPITRE XVI

LE MARTYRE DU CŒUR

L'horizon s'assombrissait encore : il était visible que, sans une permission toute spéciale de Dieu, tant de persécutions et tant de maux n'eussent pu fondre sur une créature qui n'avait voulu et cherché que le bien. A son retour à Lyon, Pauline avait abandonné et consacré toute sa personne à la sainte Vierge ; au milieu d'une autre période d'épreuves, elle remet spécialement à saint Joseph le soin de tout ce qui regarde elle-même et ses œuvres, et choisit pour soutien et pour père le protecteur de la sainte Famille. Le 19 mars 1855, son cœur broyé se verse dans un petit écrit au grand patriarche, écrit que l'on retrouva après sa mort dans son scapulaire. « Je n'ose désirer, dit-elle entre autres choses, la cessation de mes peines, le triomphe de mes efforts, ni demander la liberté qui me serait nécessaire pour opérer le bien... Je crains que ces demandes, si légitimes qu'elles puissent me paraître, ne soient en opposition avec la volonté de Dieu… Seul il connaît le vrai chemin de sa gloire et de ma sanctification ». Elle demande donc uniquement le complet abandon à la volonté de Dieu, la force de pardonner à ceux qui la persécutent, le triomphe de l'Eglise par quelque moyen que ce soit. Elle a effacé sa personnalité, fait taire ses désirs et ses craintes : la victime devient de plus en plus digne d'être offerte au Très-Haut.

Le glaive frappe en effet, et il frappe à coups redoublés.

Il y a les douleurs du dedans. Effrayé de la constante persécution dont Pauline était l'objet, et des jours sombres qui devaient se lever pour ses filles, l'ecclésiastique qui, depuis vingt ans, remplissait à Lorette les fonctions d'aumônier et de secrétaire du Rosaire vivant, conseilla aux derniers membres de la Société de Marie de se disperser. Plusieurs quittèrent leur pauvre mère sans l'avertir de leur départ et sans lui dire adieu. Celles dont rien ne fit fléchir le grand cœur méritent d'être nommées : Marie Melquion, Sophie Germain et Maria Dubouis restèrent fidèles jusqu'à la mort.

Il y eut les orages du dehors, les menaces de faire vendre Lorette immédiatement et à n'importe quel prix si on ne parvenait pas à rembourser dans un bref délai telle ou telle personne. Il y eut sous ce rapport là de véritables cruautés, étant donnés la situation de ceux qui réclamaient ainsi et le but que certains se proposaient, de lasser Pauline et de la torturer. Ce n'est pas que tous ceux qui agissaient ainsi fussent méchants; non! les uns par illusion; d'autres, par erreur, trompés par de faux rapports, prêtaient souvent sans le savoir les mains à l'injustice. Dieu permet que nous nous fassions souffrir les uns les autres; il a livré ce monde aux contradictions des hommes, et ceux qui servent d'instruments de supplice n'ont pas toujours conscience de ce qu'ils font.

Sans doute Pauline aurait pu trouver un asile chez la mère Saint-Laurent et se retirer du terrain de la lutte, laissant les créanciers se partager Lorette. Ce qui la retenait, c'est ce qu'elle appelait « l'œuvre de justice », c'est-à-dire le désir de désintéresser avec les aumônes qu'elle pouvait recueillir, ses petits créanciers, les privilégiés de son cœur. De temps en temps sa « bienfaisante trinité » envoyait une petite somme et elle la répartissait entre les plus pauvres.

Les Lyonnais ne s'arrêtaient plus guère à Lorette, mais les étrangers, les missionnaires continuaient à venir en passant, parler de Dieu et des peines de la vie avec une âme qui ne cessait pas d'aimer l'un et qui connaissait bien les autres.

D'heure en heure elle voyait s'accroître son isolement et sa détresse. Un saint prêtre de Nantes avait réuni pour elle par souscription une somme assez considérable et il allait l'envoyer à Lyon, quand il reçut du conseil central de la Propagation de la foi l'*avis* équivalant à un *ordre* de ne pas quêter pour Mlle Jaricot. Quelle vertu il fallait pour dire *Fiat* devant de telles oppositions !

Autour d'elle, elle s'entendait traiter d'intrigante, d'avare, d'hypocrite ; elle sortait peu, car la marche lui était difficile, mais si parfois elle se trouvait dans les rues, il lui arrivait d'entendre ces paroles : « Elle a des trésors cachés et elle ne paie pas ses dettes. Elle avait l'air de faire la charité et elle voulait s'enrichir en volant les pauvres gens ». Plus d'une fois, en suivant la rampe des Chazeaux où un mendiant l'insultait d'ordinaire, elle rappela en sa mémoire la parole qui autrefois lui avait été dite en ce lieu : « Pauline, le martyre du cœur ne vous suffira-t-il pas ? »

Les inondations de 1856 la trouvèrent avec ses trois fidèles compagnes faisant violence au ciel par leurs ardentes prières et, le Rosaire en main, les yeux sur la ville en détresse, suppliant Dieu de sauver Lyon et la France.

La goutte la plus amère du calice n'avait point encore été versée : Une main sacrilège se chargea de l'y mettre. Soutenue par le cardinal de Villecourt, reconnue par Grégoire XVI à propos de la Propagation de la foi, comme « la bienfaitrice insigne de l'Eglise », Pauline avait eu jusque-là la consolation de se sentir approuvée et estimée à Rome. La voix de ses ennemis s'enhardit à monter jusqu'aux oreilles de Pie IX. « Mlle Jaricot, lui dit-on, est une habile intrigante qui, après s'être longtemps couverte du masque de la piété, a voulu à l'aide de ce masque tenter une entreprise industrielle dans l'unique but de satisfaire son orgueil et son avarice. S'étant ruinée dans cette affaire et ayant ruiné sciemment grand nombre de personnes, elle veut maintenant se servir du titre de fondatrice de la Propagation de la foi pour détourner à son profit les aumônes des fidèles faites en vue de de cette œuvre... » Le cardinal Lambruschini était mort ; le cardinal de Recanati, nommé à sa place protecteur du Rosaire vivant, ne connaissait pas Pauline ; le cardinal de Villecourt, l'irrécusable témoin des œuvres de sa jeunesse, était malade à quelques lieues de Rome ; le Saint-Père prêta l'oreille à ces calomnies, et des paroles de blâme parvinrent à Pauline. Cette fois la mesure était comble ; se voir méprisée de tous lui paraissait maintenant peu de chose ; mais, fille dévouée de l'Eglise, pour qui elle aurait donné tout le sang de ses veines, penser que sa sainte Mère doutait d'elle et de son amour, c'était, comme elle l'a dit, c'était « à en mourir ».

Elle écrivit d'abord au cardinal de Recanati une lettre sublime où, semblant oublier les détails de l'accusation et la source des épreuves, elle ne peut que jeter un cri de fidélité et d'amour, protestation d'une foi ardente ; puis elle explique ce qu'elle avait en vue dans l'œuvre aujourd'hui décriée de Notre-Dame-des-Anges. Quand elle eut jeté ce cri de détresse elle alla se réfugier au pied du Tabernacle. La voix secrète qui souvent déjà avait parlé à son cœur lui fit entendre ces paroles : « Moi, ton Dieu, je te prends par la main et te dis : Ne crains pas !... C'est moi-même qui viens à ton aide » (Is., XLI, 13).

La lettre écrite au cardinal l'émut singulièrement sans pourtant dissiper tout à fait ses doutes ; on fut informé de ses dispositions par le cardinal de Villecourt, toujours malade à Tivoli, mais s'intéressant malgré cela aux épreuves de « sa fille ».

Une autre injustice se tramait à Lyon. Lorsqu'on avait touché et distribué aux créanciers quatorze mille francs, Pauline avait vu là dedans plus encore que l'extinction momentanée de quelques dettes. La rampe ainsi exploitée donnait de la valeur à Lorette, et on tirerait sans doute un bien meilleur parti de la propriété quand on la vendrait. Quelqu'un acheta le clos voisin de Lorette et se mit à le disposer pour y établir une rampe semblable à celle de Sainte-Philomène, rampe dont l'entrée, plus proche de la ville, attirerait plus de pèlerins. (C'est aujourd'hui le passage du Rosaire.) C'était le droit strict de tout propriétaire de faire ce qu'il voulait dans sa propriété ; mais de ce clos voisin on ne pouvait accéder à la chapelle de Fourvière qu'en traversant la partie supérieur du clos de Lorette, et on osa demander à Pauline qu'elle ouvrît le mur de sa propriété pour réunir ainsi les deux voies concurrentes. On lui offrait comme compensation la moitié du produit de la nouvelle voie ; mais tout ce que ferait cette nouvelle voie allait être enlevé à la sienne ; et cette nouvelle voie ne pouvait aboutir sans la sienne ; quelle amère dérision dans la position de Pauline ! quelle audace dans ses ennemis ! D'ailleurs quand les créanciers verraient bâtir cette nouvelle rampe diminuant la valeur de Lorette, ils exigeraient un prompt remboursement, feraient vendre l'immeuble à vil prix, et, ce que redoutait tant Pauline, les petits créanciers qui restaient seraient infailliblement lésés ; quelle perspective ! Elle proposa d'abandonner Lorette et tout ce qui pouvait en dépendre si l'on voulait se charger de *toutes* ses dettes. « Je me retirerai contente, disait-elle, d'avoir accompli cet acte de justice ; mais sans cela je compte sur Dieu et ne consens à rien ».

Pendant qu'elle se consumait dans ces inquiétudes, elle voyait bâtir la rampe sous ses yeux et on répandait dans le public de nouvelles calomnies. « Mlle Jaricot, disait-on, s'oppose à l'agrandissement de Fourvière. Seul, l'amour de l'argent lui fait refuser la concession d'une partie du terrain nécessaire pour cela. Elle méprise l'autorité ecclésiastique et lève enfin le masque gardé jusqu'à ce jour ».

Semblables aux bandits qui réclament la bourse en mettant le couteau sous la gorge, les persécuteurs de Pauline la harcelaient pour la faire consentir à ce qu'ils voulaient d'elle, étonnés de trouver encore tant d'énergie dans une femme usée par l'épreuve et par la souffrance. — « Si quelqu'un, écrivait-elle alors à M. de Brémond, si quelqu'un, n'abusant pas de ma position, veut acheter Lorette à sa juste valeur et dans des vues chrétiennes, je consentirai sur-le-champ et quoi qu'il puisse m'en coûter, à vendre ce domaine que j'avais consacré à la Reine immaculée. J'irai alors m'abriter à l'hôpital, où l'âme de mon frère viendra fortifier et consoler la mienne ».

Parfois, à la pensée des humiliations, des injustices subies, des coups que le démon se plaisait à faire pleuvoir sur elle, des terreurs inexprimables assiégeaient son âme, et tout son être frémissait. On remarqua que depuis la mort de son neveu Pierre Perrin, arrivée le 15 août 1856, le calme se fit plus souvent dans cette âme ulcérée, l'abandon devint plus parfait. Sans doute le jeune missionnaire qui mourait victime de son dévouement sur les plages indiennes, se souvenait au ciel de celle qui avait formé son âme à la vertu, qui lui avait appris à converser avec Dieu, et il lui obtenait de leur Maître commun la sérénité du martyr.

Elle écrivit en effet à cette époque, 23 août 1856, un acte d'abandon, une espèce de contrat avec son divin Epoux, dont le sublime héroïsme étonne la nature humaine.

« Mon espérance est en Jésus, commence-t-elle... Mon seul trésor est sa croix... La part qui m'est échue est excellente et mon héritage est précieux... Je bénirai le Seigneur en tout temps ; ses louanges seront continuellement sur mes lèvres... Que la très juste, très sainte et très haute volonté de Dieu s'accomplisse en tout ! Qu'elle soit bénie et glorifiée à jamais !

« J'ai toujours attendu de vous seul, ô Jésus, la force du martyre avec celle de ne pas vous faire rougir quand vous m'appellerez à vous glorifier par mon humiliation et par une soumission sans bornes à tout ce que mes ennemis jugent à propos de me faire souffrir... ».

Elle continue ainsi pendant quelques pages, unissant l'holocauste de son cœur meurtri au sacrifice de son Epoux crucifié. Quelque goutte que lui garde encore le calice des douleurs, elle l'accepte car il est présenté par la main de Jésus, de Jésus prêtre et victime, en qui elle jette tout ce qu'elle est et tout ce qu'elle sent, à qui elle reconnaît le droit de disposer de tout en elle. Le cri de la nature est étouffé maintenant ; l'âme rend grâces de ses souffrances puisqu'elle est semblable à son modèle. Elle termine en adressant à son Epoux une seule prière : « A vous, cher Sauveur, je recommande ceux envers qui je mourrai insolvable. Vous ayant tout sacrifié, je vous supplie de permettre que mes amis accomplissent pour moi toute justice :

après ma mort ». La petite feuille de papier sur laquelle était tracée cette suprême offrande, fut trouvée usée par les lèvres de Pauline qui la baisait et en répéta souvent la formule jusqu'à sa mort.

Sur ces entrefaites, Mgr de Villecourt, instruit de ce qui se tramait contre la sainte fille à Lyon, à Paris et à Rome, écrivit aux trois amis qui lui restaient, que si sa santé lui permettait le voyage elle ferait bien de venir elle-même se défendre aux pieds du souverain Pontife. Tel était l'espionnage organisé autour de Pauline que le comte de Brémond, pour lui faire parvenir cet avis, dut envoyer une personne sûre jusqu'à sa maison même, les lettres étant interceptées. En lui exposant l'idée du Cardinal il mettait deux cents francs à sa disposition ; la mère Saint-Laurent en ajoutait cent ; ils pensaient que ces trois cents francs devaient suffire pour le voyage ; quant au retour Dieu y pourvoirait. Un accès de sa maladie de cœur, passée en ce moment de l'état chronique à l'état aigu, rendait tout voyage difficile à Pauline ; cependant le conseil du Prélat lui paraissant un ordre, elle attendit seulement d'avoir recouvré quelques forces, et résolut de se mettre en route.

Elle fit donc ses préparatifs, c'est-à-dire choisit dans ses papiers ceux qu'elle laisserait et ceux dont elle pouvait avoir besoin à Rome. Un jour, en fouillant ses tiroirs, elle regardait attentivement la somme de trois cents francs envoyée par ses amis, et sur laquelle étaient tombés ses yeux. La bonne Maria lui dit : « Pauvre mère, pourquoi regardez-vous tant ces pièces ? Si vos ennemis vous voyaient, ils crieraient encore bien plus fort que vous aimez l'argent ». Hélas ! oui, la pauvre mère aimait l'argent maintenant qu'elle n'en avait plus et qu'elle en devait ; le regard qu'elle jetait sur cette somme était bien un regard de convoitise car elle sourit tristement, et se penchant vers sa compagne : « Ma pauvre enfant, dit-elle, je pense que grâce à mon certificat d'indigence nous pourrions faire le voyage de Rome avec le tiers de cet argent, et donner le reste à un de nos dévoués amis, les petits créanciers. La charité nous viendrait en aide pour ce qui manquerait », L'idée fut trouvée bonne, et Maria porta deux cents francs à une modeste ouvrière.

Hélas ! oui, Pauline avait dû solliciter depuis quelques années déjà un certificat d'indigence. Cette pièce, délivrée à celle qui avait été la brillante Mlle Jaricot, était ainsi conçue :

« *Bureau de bienfaisance de Lyon*.

« Je soussigné, administrateur du onzième comité de secours de Lyon, certifie l'indigence de Pauline-Marie Jaricot, demeurant montée Saint-Barthélemy, 50, laquelle est sur le rôle des indigents et reçoit des secours.

« Lyon, 26 février 1853.

« Gonin, curé de Saint-Just,
« *Vice-président du 11e comité de secours*. »

Cette pièce était cousue avec d'autres papiers précieux, c'est-à-dire avec son acte d'offrande et de renoncement, avec une lettre de grossières injures et d'ignobles outrages, dans un grand scapulaire qu'elle portait comme un bouclier contre les défaillances de la nature, et sur l'enveloppe contenant ces reliques elle avait écrit : Titres de noblesse en Notre-Seigneur Jésus-Christ, appartenant à Pauline-Marie Jaricot.

Au mois d'octobre 1855, Pauline partit donc, abandonnant Lorette et toutes choses aux soins « de Notre-Dame, la Providence ». comme elle disait, Maria avait entassé dans le grand sac de toile qui leur servait de malle, deux coussins et une couverture, et dans le petit sac noir, des livres, des papiers, des objets bénits, quelques provisions de bouche. « *Adveniat regnum tuum, fiat voluntas tua !* » tel fut l'adieu que Pauline prononça à haute voix, en quittant les lieux qu'elle aimait.

Ayant obtenu, grâce au certificat d'indigence, une réduction considérable de la compagnie des chemins de fer, les deux voyageuses arrivèrent à Marseille moyennant une faible somme, mais non sans fatigue et sans humiliations. Là, cruel mécompte ! il fallait attendre deux jours le paquebot sur lequel elles devaient prendre passage, Pauline avait eu jadis dans cette ville une amie qui, au temps de sa prospérité, lui avait offert souvent de la recevoir chez elle ; la malheureuse s'y rendit. Une première fois un domestique vint dire que Madame était trop occupée. On revint quelques heures après. — « Ma mère est à table avec des étrangers et ne peut vous recevoir », telle fut la réponse apportée par la fille de la maison. Il fallut se rendre à l'évidence ; les portes ouvertes aux riches se ferment devant le malheur. « Maria, dit Pauline à sa compagne en s'en retournant, il me semble que c'est assez et que notre bon Sauveur ne demande pas davantage de moi, n'est-ce pas ? — Oh! oui, pauvre mère, c'est bien assez, dit la pieuse fille en soupirant ; c'est même trop ». Elles allèrent demander asile dans une toute petite auberge, et se firent servir une soupe grossière pour apaiser leur faim.

Le lendemain elles montèrent à Notre-Dame-de-la-Garde, puis elles allèrent s'entendre pour le départ. L'administration des paquebots, vu le certificat d'indigence, réduisit de trois quarts le prix des places. Et le surlendemain, par une froide journée d'octobre, les promeneurs pouvaient voir une voyageuse indigente, à l'air étrangement distingué, qui, assise sur des ballots dans le port, prenait un frugal repas avant de s'embarquer. Un religieux passait ; il s'arrêta à plusieurs reprises, comme doutant de ce qu'il voyait. « Non, mon père, vous ne vous trompez pas, lui dit enfin la voyageuse, c'est Pauline-Marie Jaricot, toujours la même au fond, bien que son costume et son équipage aient changé ». Ce religieux avait reçu d'elle autrefois d'abondantes aumônes. Quand elle lui eut fait connaître sa situation actuelle, le serviteur de Dieu leva les mains au ciel. « Dieu soit loué! dit-il; vous voilà donc enfin bénie comme je le souhaitais. Depuis longtemps l'univers catholique exaltait le nom et les œuvres de Mlle Jaricot, dont la fortune se multipliait à mesure qu'elle la prodiguait au bien et au malheur; c'était peut-être de la joie et de la gloire pour ce monde; mais votre vie ne portait pas assez le *signe de Jésus*. Maintenant que je vous rencontre humiliée jusque dans la poussière et dans la boue, je vous estime heureuse parce que j'ai la certitude que le Seigneur est réellement avec vous et pour vous ». Pauline l'écouta recueillie et répondit : *Amen !*

CHAPITRE XVII

A ROME ET A PARIS

Des voyageurs qui ne se font inscrire dans aucune catégorie, qui s'établissent sur le pont entre les paquets de cordages, qui tirent de leur sac à l'heure des repas, du pain, du fromage, des figues sèches et une bouteille d'eau mêlée d'un peu de café, ne sont pas entourés ordinairement d'une bien grande considération. Et dans les premiers instants en effet, les matelots murmurèrent un peu. Mais le spectacle de ces femmes isolées, constamment en prières, la douceur de leurs paroles, l'air de distinction qu'avait conservé Pauline, tout cela émut bientôt leurs cœurs, et ils arrangeaient au contraire les ballots de manière à les entourer et à les préserver.

A Rome Pauline reçut l'hospitalité au Sacré-Cœur. Elle devait ce bonheur à la prévoyance de Madame de Brémond qui avait intéressé à sa cause la supérieure de Paris, la mère Barat. Le cardinal de Villecourt, toujours bon et dévoué, écrivit d'abord au souverain Pontife pour lui annoncer l'arrivée de Pauline et lui exposer sa triste situation. « C'est par son inspiration, disait-il, que depuis près de quarante ans ceux qui portent la parole évangélique dans les pays lointains, sont soutenus dans le ministère qu'ils remplissent. Pourquoi celle qui leur a procuré ces secours serait-elle privée maintenant de l'assistance que réclament ses besoins les plus urgents ? »

A sa supplique, le cardinal voulut qu'elle en ajoutât une de sa main ; elle y exposait ce qui avait été la cause de sa ruine, de ses dettes ; quel désir secret l'avait guidée dans l'œuvre sociale. Du fond de sa tribulation elle protestait de toutes ses forces de son dévouement et de son amour pour l'Eglise.

Pie IX se montra le digne successeur de Grégoire XVI et le fidèle représentant de Celui qui est le bon Pasteur. Il reçut Pauline au Quirinal ; elle assista le jour de la Toussaint à la messe pontificale dans la chapelle Sixtine, et plusieurs fois les deux compagnes reçurent la communion des mains du Pontife. Le Saint-Père chargea le cardinal de Villecourt d'écrire au cardinal de Bonald pour le prier d'intervenir auprès du Conseil de la Propagation de la foi en faveur de la fondatrice de cette œuvre. Le cardinal le fit immédiatement. Il n'était pas besoin du reste de longues supplications auprès de l'archevêque de Lyon, convaincu de la vertu de Pauline ; il suffisait de lui faire connaître, pour rassurer sa prudence, l'avis du souverain Pontife. Mais Mgr de Villecourt écrivit en même temps au comte d'Herculais, son ami, alors membre du conseil de l'œuvre. Il rappelle à celui-ci qu'étant à Lyon au moment de la formation des premières dizaines, il ne saurait mettre en doute un plan d'organisation que pendant longtemps on a faussement attribué à certaines personnes. Il réfute d'avance toutes les objections qu'on pourra élever contre sa demande. « Est-ce aller contre le but de l'œuvre, dit-il, que d'appliquer à la fondatrice quelques-unes des sommes destinées à l'évangélisation des nations infidèles ? Non ! pas plus que d'assigner une pension sur le budget de la guerre aux veuves des anciens militaires morts au champ de bataille. Si l'entreprise qui a ruiné Mlle Jaricot n'a pas un rapport direct avec la Propagation de la foi, ce n'est pas là aux yeux de Pie IX une raison d'abandonner dans sa détresse celle qui a été d'un si grand secours pour les autres. Qu'elle ait été imprudente en se lançant dans cette entreprise, c'est possible au point de vue humain ; mais ses motifs étaient si bons, si désintéressés ! Aujourd'hui, non seulement elle est malheureuse, mais il s'agit de l'aider à accomplir un acte de justice en désintéressant ses créanciers, c'est-à-dire il s'agit de rendre la paix à son âme : cela est plus que le pain du corps ».

Pie IX jugeait donc lui-même dans sa haute sagesse que prélever sur les fonds mêmes de l'œuvre le secours nécessaire à celle qui l'avait fondée et soutenue seule pendant trois années contre les persécutions, était un devoir de justice et non pas un détournement des aumônes ; que la charité des catholiques du monde entier se ferait un bonheur de remplacer surabondamment le secours accordé. Il fit intervenir dans ce but trois cardinaux auprès des membres du Conseil. Après une dernière réception, tout encourageante et paternelle, le Pontife, qui avait rendu pleinement justice à notre héroïne, lui fit remettre quatre cents francs pour les frais de son retour en France. Réconfortée par son accueil, ayant joui six semaines à la Trinité-du-Mont d'une véritable vie de famille, Pauline aurait pu goûter quelque rafraîchissement ; mais hélas ! elle avait appris quelle iniquité se tramait à Lyon en son absence ; elle prévoyait le sort réservé aux décisions du saint Pontife.

On avait continué depuis son départ à construire la rampe rivale de la sienne ; ne pouvant la faire aboutir à la plate-forme de la chapelle sans passer par le clos de Lorette, et considérant désormais Pauline comme un être hors la loi, hors la justice et hors la charité, on avait profité de son absence pour commettre une atrocité. Le 31 octobre au soir, on avait enlevé clandestinement la barrière limitrophe, et le lendemain, dès l'aube du jour, une quantité de pèlerins prenant la nouvelle voie, traversaient la partie supérieure de la propriété de Pauline sans la permission de celle-ci. De telles mesures prises envers une personne qui a commencé elle-même à ouvrir un passage semblable, n'ont pas besoin de commentaires.

La traversée de Civita-Vecchia à Marseille fut calme et paisible. Les deux femmes, réfugiées entre les ballots, sur le pont, admiraient le spectacle que présentaient les eaux bleues de la Méditerranée, et le ciel, d'une pureté ravissante. Elles comparaient ce voyage à celui de l'aller, où un orage menaçant avait fait trembler tout le monde. Pauline faisait des rapprochements entre le calme de certaines vies et les tempêtes qui en bouleversent d'autres ; la simple et sublime Maria trouva le mot de la situation : « O mère, dit-elle, calme ou tempête, qu'est-ce que cela, pourvu que nous arrivions au ciel dont les méchants ne pourront troubler la paix ? »

Rentrée sous son pauvre toit, Pauline constata avec douleur la violation de domicile dont nul ne s'était fait scrupule. Elle reçut des deux conseils de Paris et de Lyon la réponse aux exhortations faites au nom du Saint-Père; on refusait même l'autorisation de réclamer aux associés de la Propagation de la foi cinq centimes par mois en sus de leur cotisation. On prétendait que cette collecte serait un scandale qui porterait à l'œuvre un coup mortel. De plus une persécution occulte s'établissait autour de Pauline pour la forcer à vendre maintenant Lorette à vil prix : on mettait la menace dans la bouche des créanciers ; on dépréciait l'immeuble quand des acheteurs se présentaient ; c'était une obsession. Une commission s'était formée pour la reconstruction de l'église de Fourvière ; sans que Pauline parvînt à saisir les membres de cette commission et à traiter directement avec eux, on lui faisait en leur nom des offres dérisoires pour sa propriété ; et, sur son refus, on l'accusait de s'opposer à une œuvre aussi louable que l'agrandissement de Fourvière. Toutes ces calomnies et ces menées insidieuses étaient dissimulées avec un si grand art que les gens de bonne foi ne soupçonnaient pas la cruauté et les injustices cachées sous de fausses apparences.

Le cardinal de Villecourt, revenu pour quelques semaines en France afin d'y revoir une fois encore les lieux témoins de ses premiers travaux, avait passé à Lorette, puis s'état rendu à la Rochelle et à Chavagnes. En apprenant par lui la désolation où se trouvait Pauline, et pressentant que son pèlerinage ici-bas devait approcher de sa fin, le comte et la comtesse de Brémond conçurent un ardent désir de recevoir chez eux « la pauvre du Christ », d'obtenir d'elle certaines confidences que le papier ne pouvait porter, de s'entendre enfin avec elle sur un nouveau projet qu'ils avaient conçu pour la sauver. Ils demandèrent donc à Pauline de venir quelque temps chez eux à Paris.

Pauline fit encore le voyage en troisième et à prix réduit, grâce à son titre d'indigente, et pour la première fois elle se trouva en face de ses dévoués protecteurs, avec qui elle n'avait jusqu'alors échangé qu'une affectueuse correspondance. Elle avait cinquante-neuf ans ; usé par les chagrins et les souffrances, son corps paraissait arrivé aux limites de la vieillesse ; mais son visage gardait une telle empreinte de bonté et de majesté, que M. et Mme de Brémond en furent frappés. Ils la reçurent avec une affectueuse vénération et lui proposèrent un recours à l'empereur. Un bienfait accordé récemment par celui-ci à Mgr Dupuch, évêque d'Alger, faisait espérer qu'il prêterait l'oreille aux besoins de Pauline. Déjà Mme de Brémond s'était entendue avec la duchesse de Bassano. Cette dame, qui jouissait à la cour d'une grande influence se chargeait de présenter une requête au nom de la fondatrice de la Propagation de la foi et promettait de faire agréer ladite requête pourvu qu'elle fût accompagnée des pièces établissant clairement les droits de Pauline au titre de fondatrice, et son dévouement au bien des ouvriers dans l'entreprise de Notre-Dame-des-Anges.

Pauline ne se fit pas illusion. Quoi que l'on pût tenter, le conseil serait toujours là. Ce que n'en avait pas obtenu le souverain Pontife, comment espérer que l'empereur l'obtînt ? Docile néanmoins aux avis de ses protecteurs, elle consentit à risquer un nouvel échec. Afin d'établir ses droits au titre de fondatrice comme on le lui demandait, elle invoqua le témoignage de l'abbé Girodon, cet ancien commis de son père qui l'avait aidée à former les premières dizaines, à organiser l'œuvre pendant trois années jusqu'à la réunion officielle du 3 mai 1822.

Sollicité de dire ce qu'il savait, l'abbé Girodon rappelle d'abord dans deux lettres à M. de Brémond, le temps où il avait vingt ans, où il était l'ami de Philéas Jaricot, l'employé de son père, et où il voyait Pauline excitée par les lettres de son cher Sulpicien, chercher un moyen favorable de secourir régulièrement les Missions étrangères. « Enfin un soir, dit-il, l'idée d'un sou par semaine lui vint, et elle la trouva si simple qu'elle fut étonnée de ne pas l'avoir eue plus tôt... Comme elle ne s'occupait que de bonnes œuvres, elle avait chez elle tous les dimanches une réunion de pieuses filles auxquelles elle faisait une lecture ou une petite instruction. Ce fut parmi ces pieuses filles, toutes domestiques ou ouvrières, qu'elle essaya les premières dizaines de la Propagation de la foi. Je la voyais de temps en temps, mais elle ne me parla de son œuvre qu'en mai 1821. Elle avait alors trop d'associés pour pouvoir suffire elle-même à son organisation ; aussi me pria-t-elle de me charger moi-même d'un certain nombre d'ouvrières trop éloignées de chez elle, et de poursuivre son œuvre en la développant. Je le fis ; et de juin 1821 au 3 mai 1822, jour de la reconnaissance officielle, je recueillis avec le sou par semaine 1200 fr. 80. Mlle Pauline recueillit dans le même temps de sept à huit cents francs environ, et nous envoyâmes cette même année près de deux mille francs au séminaire des Missions étrangères.

« On avait déjà beaucoup parlé de cette œuvre dans la ville et parmi le clergé. A cette époque M. Inglesi, envoyé en France par Mgr Dubourg, évêque d'Amérique, pour les besoins de son diocèse, était à Lyon. Les personnes auxquelles il s'adressa pour avoir des secours *et qui jusque-là n'avaient point fait d'œuvre organisée*, mais seulement quelques quêtes parmi leurs connaissances en faveur de Mgr Dubourg, pensèrent, de concert avec M. Cholleton, grand vicaire, qu'on pourrait profiter de cette occasion pour mieux connaître l'œuvre de Mlle Jaricot et la développer si on la trouvait bonne. Je ne puis attribuer qu'à cette pensée le fait d'avoir été alors, moi pauvre petit commis de fabrique, visité par M. Cholleton lui-même pour m'engager à assister à une réunion fixée au 3 mai 1822, *afin d'y exposer la manière dont nous faisions l'œuvre de la Propagation de la foi.*

L'abbé Girodon continue à expliquer que ce plan mis en œuvre depuis trois ans par Pauline et exposé par lui fût adopté par les hommes remarquables qui composaient la réunion : MM. de Verna, d'Herculais, de Jossé, et exécuté par eux sur une plus grande échelle ; que Pauline, étant restée dans l'ombre en continuant ce qu'elle pouvait faire, certains esprits s'étaient imaginé que la genèse de l'Œuvre datait du 3 mai 1822 ; mais que si Dieu seul en réalité est l'instigateur et le fondateur des œuvres, il avait certainement choisi Mlle Jaricot comme instrument pour donner le plan de celle-là.

L'irrécusable témoignage apporté par cet ouvrier de la première heure ne modifia en rien les décisions du conseil. Parmi ses membres les uns ne voulaient point abandonner la tradition reçue, qui faisait remonter l'œuvre au 3 mai 1822 et la présentait comme le fruit des délibérations de leurs devanciers; les autres, cette erreur même mise à part, ne voulaient point intervenir dans une demande de secours. Du reste, l'abbé Girodon, en écrivant à M. de Brémond, au sujet de l'insuccès éprouvé, ne charge pas les membres du conseil; il dit qu'il ne croit pas à de l'ingratitude de leur part, mais à une erreur passée à l'état de tradition chez eux.

Le comte de Brémond voulait tenter un autre moyen. Une plume récemment consacrée au service de Dieu défendait alors dans la presse toutes les causes catholiques, et jetait parfois le trouble et la confusion au camp de ses adversaires. Le comte offrit à Pauline de demander à Louis Veuillot quelques articles en sa faveur; elle refusa. Tout en rendant justice aux excellentes intentions du polémiste chrétien, elle redoutait l'intervention de cette vaillance un peu agressive, de cette humeur batailleuse; causer de la peine à qui que ce fût, lui paraissait plus pénible encore que de pleurer et de souffrir.

CHAPITRE XVIII

LE SOMMET DU CALVAIRE

La pauvreté avait enveloppé Lorette de son froid et terrible manteau. Le travail manuel entrepris manquait à certains moments; à d'autres, les maladies empêchaient de s'y livrer. Dans la maison délabrée, quelques minces couchettes remplaçaient le riche mobilier que Pauline avait reçu de sa famille; on ne faisait jamais de feu dans la chambre qu'elle habitait; le soir venu, nulle lampe ne s'allumait, excepté celle qui brûlait devant le tabernacle; de grosses soupes de pain et de pommes de terre étaient le meilleur régal que l'on pût se permettre, et quelqu'un étant venu voir Pauline par un temps assez froid, la trouva vêtue d'une robe de lustrine. Cependant ce n'était pas cela qui lui brisait le cœur; ce n'étaient pas non plus les souffrances physiques causées par son état de santé qui formaient le plus lourd de sa croix. Etre accusée « d'avoir voulu détourner à son profit les fonds de la grande œuvre qui ne lui devait absolument rien »; être accusée de « s'attribuer une gloire qui ne lui appartenait pas »; sentir qu'elle allait laisser en mourant de petits et bienveillants créanciers non désintéressés, c'étaient là les pièces principales de cette croix qu'elle traînait depuis plus de dix ans.

Elle s'était opposée à ce que M. de Brémond publiât un mémoire sur tout ce qui s'était passé depuis dix ans parce qu'elle y trouvait trop librement exposées les mesures vexatoires et spoliatrices dont on avait usé envers elle, et qu'elle avait « horreur de faire de la peine à autrui ». Elle dut au moins sur leurs conseils et afin de ne pas scandaliser les faibles, écrire elle-même une lettre au conseil central pour repousser les accusations mensongères portées contre elle, et exposer la droiture de ses vues. Dieu permit que cette plainte suprême demeurât sans effet, comme toutes les démarches tentées précédemment pour obtenir au moins la liberté d'action.

Lorsque, par la pensée, elle revoyait sa vie : quarante années de luttes pour arriver à un crucifiement de toutes ses puissances, à un étouffement de toutes ses aspirations, elle sentait que le moment n'était plus loin où elle rencontrerait enfin au sommet du calvaire, l'Epoux à qui elle s'était donnée pour le sacrifice et pour l'immolation. « Je vous bénis, Sauveur Jésus, disait-elle, car vous m'avez élue pour la souffrance. Je veux tout, j'accepte tout, et je ne vous demande que trois choses : le triomphe de l'Eglise, le salut de la France, et la conservation de la foi dans toute sa pureté pour ma bien-aimée ville de Lyon. »

Elle réunissait toujours le dimanche les conseillères du Rosaire vivant, les exhortait à étendre autour d'elles le règne de Jésus-Christ, et ses paroles, brûlantes d'amour, reproduites par la lithographie, allaient fortifier encore les associés de tous les pays.

Les dernières épines de l'humiliation s'enfonçaient sur son front : c'était bien la couronne du Maître. Des gens avec qui elle n'avait jamais eu de relations, qui ne la connaissaient pas, mais qui étaient simplement sous l'empire de rapports mensongers, osaient dire : « Que n'écrase-t-on cette folle! Il faut en finir avec elle. » On reprochait au cardinal de Bonald les égards dont il l'entourait, lui à la sollicitude duquel Pie IX l'avait recommandée. Le cardinal de Villecourt a pu dire avec raison après son dernier voyage en France : « La position de cette vraie fille de l'Eglise est un problème que personne ne peut résoudre. Il y a dans tout ce qui se rattache à elle quelque chose de si extraordinaire qu'on ne saurait douter que de si grandes épreuves ne viennent d'une prédestination toute particulière à l'état de victime ».

Malade et n'ayant plus qu'un souffle de vie, elle se rendit vers la fin de juin 1859 à Avignon, où elle espérait recouvrer une somme importante qui lui était due depuis longtemps, et qu'elle voulait remettre à ses petits créanciers. Ce dernier voyage se fit dans le plus complet dénuement. Du pain et un peu de lait mêlé d'eau et de café fut toute la provision de Pauline et de sa compagne, et encore cette dernière se priva-t-elle héroïquement de sa part de liquide pour apaiser la soif de sa pauvre mère dévorée par la fièvre. Et ce voyage fut inutile. « Mlle Jaricot est ruinée; à quoi lui servirait de recevoir ce qui ne peut la sauver? » Telle fut la cruelle conclusion de son débiteur actuel, et parfois d'autres encore. Et les créanciers, par leurs obsessions et leurs menaces se faisaient l'instrument d'une autre cruauté. Un jour Pauline, revenue à Lyon et en proie à de vives souffrances, recevait une dame riche qui insistait au delà de toute mesure pour réclamer le remboursement d'une petite somme qu'elle avait prêtée. En vain Pauline exposait l'impossibilité de la satisfaire ; la dame tourmentait toujours. Suffoquée par l'angoisse, la pauvre fille s'écria : « Ah! Madame, je vous l'affirme devant Dieu; croyez-le donc enfin! Il ne me reste que mon sang : buvez-le si vous en avez soif. »

Au commencement de l'année 1861, les souffrances habituelles s'aggravèrent; la marche devenait un supplice, et il fallait longtemps à la pauvre fille pour parcourir de très faibles distances. Elle dut sacrifier une grande partie de sa correspondance, s'efforçant cependant de recevoir encore les affligés qui venaient chercher auprès d'elle quelques consolations; et quand Maria, inquiète de ce surcroît de fatigue, voulait abréger ces entretiens : « Laissez-moi, disait-elle, faire la seule aumône que je puisse encore faire. Je n'ai ni or ni argent, mais ce que j'ai je le donne. » L'année se passa ainsi jusqu'à la fête du Rosaire. Elle écrivit encore une dernière exhortation pleine de foi et d'amour aux conseillères du Rosaire vivant. Elle y parlait du ciel où bientôt elle pensait les attendre. « Je regretterai, disait-elle, trois choses en quittant la vie : de ne plus pouvoir adorer Jésus-Christ sous les voiles eucharistiques ; il y est si délaissé, si méconnu que je n'hésiterais pas à rester sur la terre jusqu'à la fin des siècles, si je savais l'aimer comme les saints et ne l'offenser jamais. Je regretterai aussi de ne pouvoir plus former de *couronnes vivantes* à ma tendre Mère, et d'interrompre pour un temps la délicieuse correspondance de charité qui règne entre nous. Mon troisième regret, ah ! vous le connaissez ; vous avez voulu m'en épargner l'amertume. Je ne puis que répéter : Je me soumets en aveugle aux desseins de mon Dieu... Mes forces m'abandonnent... Adieu, mes sœurs bien-aimées !... La charité subsiste éternellement. »

Le dimanche de l'octave du Rosaire elle réunit encore les conseillères, leur parla longuement et chaleureusement de l'amour du Sauveur pour les âmes, du bonheur qu'on éprouve à étendre son règne ; elle était très émue ; la réunion terminée, elle écouta avec sa bonté habituelle les petites confidences des unes et des autres, mais à peine fut-on parti que d'effrayants symptômes se déclarèrent ; ses filles crurent à une attaque ; il n'en fut rien cependant ; mais une large plaie s'ouvrit vers la région du cœur, et, trois jours après il fallut s'aliter. Cette fois, c'était la dernière. L'espoir ne disparut pas cependant tout de suite autour d'elle ; à tant de reprises elle était revenue des portes de la mort ; mais Maria qui la soignait et qui voyait se creuser profondément la plaie de sa poitrine, comprit que la fin approchait. Cette pieuse fille fut admirable de dévouement. Jour et nuit, sans s'accorder un instant de repos, elle veillait avec amour et égayait même par ses saillies celle dont elle était depuis vingt-quatre ans la compagne assidue. Pendant trois mois d'hiver, elle supporta ainsi le froid, la fatigue, le manque de sommeil.

Avec cette fidélité à toute épreuve, la grande consolation de Pauline était la sainte communion. Chaque matin on disait la messe à la chapelle qui touchait sa chambre, et tant que la violence des crises le permit, on lui apporta la sainte communion vers une heure du matin.

Dans les moments où elle se trouvait mieux elle voulut revoir tous ses papiers, et fit brûler par Maria une quantité d'écrits qui auraient révélé le nom et les injustices de certains de ses persécuteurs. Pendant que la flamme consumait ces pièces accusatrices, elle regardait son crucifix. L'acte de pardon généreusement accompli : « C'est maintenant le tour de l'orgueil, dit-elle ; brûlons ce qui pourrait faire croire que la petite fourmi a fait dans sa vie quelque chose de bon. » Elle fit jeter au feu beaucoup de lettres écrites par des personnages éminents, des princes de l'Eglise, lettres venant de tous les cieux et de tous les rivages. Elle fit promettre ensuite à Maria, le témoin de toutes ses douleurs, de n'en jamais faire connaître ce qui pourrait blesser la charité, ou compromettre la réputation de qui que ce fût.

Elle faisait vaillamment ses préparatifs de départ, et cependant quand le médecin eut déclaré qu'il n'y avait plus aucun espoir, elle parut saisie. C'étaient ses petits créanciers qui la faisaient tenir encore à la vie et qui étaient la plaie intime de son cœur, plus douloureuse encore que la plaie extérieure. Avoir accompli tant de travaux, supporté tant de souffrances et d'humiliations pour obtenir des délais, et partir quand on a encore les mains liées, quand la tâche n'est pas accomplie !... On l'entendit répéter avec instance la prière du Fils de Dieu : « Mon Père, s'il est possible, que ce calice s'éloigne de moi. » Puis, prenant son crucifix elle ajouta enfin : « Mon Sauveur, si vous le voulez, je le veux aussi. Ah ! donnez-moi la force de me soumettre pleinement. »

Le premier dimanche de l'Avent, vers le soir, elle se sentit si mal qu'elle demanda à recevoir les derniers sacrements. M. Chevalier, vicaire de Saint-Just, vint l'administrer. Après être demeurée longtemps dans le recueillement, elle dit à ses filles : « Récitons ensemble le *Te Deum* et le *Magnificat* pour remercier Jésus de tant de faveurs qu'il m'a accordées au cours de ma vie dans le sacrement de l'Eucharistie et pour celle qu'il m'a faite de recevoir trois fois l'Extrême-Onction ! Que je suis heureuse ! mon passe-port est signé pour l'éternité. »

La joie qu'elle venait d'éprouver paraissait lui avoir rendu quelque force. Cependant les souffrances étaient atroces et les médecins s'étonnaient que la vie pût y résister. Le cœur bondissait avec une telle violence dans la poitrine presque entr'ouverte qu'on en entendait les battements de toutes les parties de la chambre. Pauline gardait au milieu des souffrances sa grande délicatesse de conscience. De peur que la force du mal ne la portât à s'écarter de la modestie virginale qui lui était habituelle, elle dit plusieurs fois à ses filles : « Je vous en conjure, si je venais à m'oublier tant soit peu pour donner du soulagement à mon corps, avertissez-moi bien vite. C'est aux noms de Jésus et de Marie que je vous le demande ». Dans les rares moments où le mal lui laissait quelque répit elle chantait parfois à mi-voix des airs dont ses filles ne distinguaient pas les paroles, mais dont l'harmonie était si douce qu'elle les touchait jusqu'aux larmes.

Satan ne laissa pas mourir en paix celle qui avait tant contribué à diminuer son empire. Les terreurs de la mort, la crainte du jugement assaillirent Pauline; les doutes et le désespoir torturèrent son âme. Elle invoquait Marie et saint Joseph. A un certain moment les attaques furent si violentes que, se soulevant de sa couche, elle s'écria : « Priez ! ah ! priez, je vous en conjure; il y a ici une armée de démons et ils me tourmentent. » Puis, relevant la tête quelques secondes après : « Mais, ajouta-t-elle, Jésus est là, lui aussi, qui m'assiste. Non ! ils ne me vaincront pas à cette heure. » Elle répétait souvent dans les moments de calme : « Doux cœur de Marie, soyez mon salut. Mon Jésus, miséricorde pour tous ! »

Les prières de l'Eglise avaient toujours eu un grand prix à ses yeux. Aussi, quand elle se voyait réduite à une trop grande désolation, elle faisait appeler un prêtre pour qu'il lui lût l'Evangile ou les invocations des mourants. L'abbé Rousselon récitait fréquemment auprès d'elle quelqu'une des paroles liturgiques. Dans un certain moment qu'on croyait être le dernier, il lui dit de faire un acte de contrition pour recevoir l'indulgence plénière qui est accordée à l'article de la mort. « Oh ! oui, mon Père, répondit-elle, je demande pardon à Dieu de tous mes péchés..., de mes vanités..., de mon orgueil..., de mes manquements à la charité, et de tout ce qui a pu blesser en moi le regard de la Sainteté infinie... Que tout soit lavé dans le sang adorable de mon Sauveur ». Comme l'aumônier lui présentait l'étole, elle la saisit pour y coller respectueusement ses lèvres, et dit d'une voix ferme : « En baisant cette étole, je reconnais le pouvoir spirituel et temporel de la sainte Eglise sur moi et sur tous les chrétiens ».

Elle reçut en ces derniers jours de sa vie, elle dédaignée et persécutée par des riches qui auraient pu lui venir en aide, elle reçut la visite de ces petits créanciers qui lui tenaient tant au cœur. Ils ne venaient point pour la tourmenter, mais pour l'assurer de leur affection, et pendant qu'elle leur demandait pardon, eux baisaient ses mains en pleurant.

Un ecclésiastique lui demanda si elle pardonnait aux personnes qui lui avaient fait du mal. « Oh! oui, mon Père, répondit-elle, je pardonne à toutes, sans exception et du fond du cœur. Je demande à Dieu d'avoir là-haut un droit particulier sur leur salut, afin qu'elles soient sauvées et que leurs familles conservent la foi ».

La fête de Noël sembla suspendre les attaques du démon; Pauline jouit d'une certaine paix. Dès l'aube, on l'entendit réciter avec un amoureux transport le *Gloria in excelsis*. Arrivée aux paroles finales : *Quoniam tu solus sanctus!... tu solus Dominus!... tu solus Altissimus Jesu Christe!...* elle les prononça très haut et les bras levés vers le ciel.

La fête et l'octave de Noël lui rappelèrent sa tendre sollicitude pour les petits enfants. « Mes bien-aimées, disait-elle à ses filles, prions pour que Dieu accorde la grâce du baptême à tous les enfants qui viennent au monde ces temps-ci et à tous ceux qui reposent dans le sein de leurs mères.

Une nuit, le ciel était clair, les étoiles brillantes; la blanche lumière de la lune remplissait sa pauvre chambre; elle pria qu'on approchât son lit de la fenêtre qui donnait du côté de la ville, fenêtre où elle avait eu l'habitude de se tenir et de prier les bras étendus toutes les fois qu'un désastre menaçait Lyon, qu'un incendie le désolait. Là elle contempla une fois encore la cité endormie au pied de la sainte colline : « O beau ciel, dit-elle en regardant le firmament! ô lumière éternelle! ô mon Dieu!... »

Ce fut sa dernière communication avec les œuvres extérieures de Dieu; elle ne le chercha plus désormais qu'en son cœur. La première partie de ses nuits se passait à désirer la sainte communion. Quand elle l'avait reçue, entre minuit et une heure, elle demeurait en actions de grâces presque jusqu'au jour : c'était le seul répit à d'atroces souffrances, le seul remède qui lui donnât la force de les supporter. Le matin, on ouvrait la porte de sa chambre qui communiquait avec la chapelle, et elle suivait avec ferveur les prières de la messe.

Un des derniers jours, elle se fit à elle-même la recommandation de l'âme : « O mon Sauveur Jésus, disait-elle entre autres choses, j'ignore si je vais mourir dans quelques minutes, mais je vous fais le sacrifice de ma vie pour le jour et le moment décidés par vous de toute éternité ». Elle recommanda deux choses à ses filles : « Remerciez le bon Maître, dit-elle, de vous avoir prises à son service ; il n'y a pas de plus grand bonheur que celui-là sur la terre... Observez fidèlement la charité ; ne vous couchez jamais sans demander pardon à celles que vous auriez offensées ; j'ai eu cette pratique dès ma jeunesse et j'en ai retiré un grand fruit ». Puis : « Sauvez les âmes ! ah ! sauvez les âmes. Soyez unies ! Que l'union des enfants de Dieu est belle ! qu'elle est terrible à l'ennemi ! »

Elle avait toujours aimé passionnément l'Eglise et gémi des humiliations imposées à son chef. Le 4 janvier son esprit sembla franchir les distances pour s'arrêter sur le Père commun des fidèles. « Le Pape souffre, dit-elle tristement et en élevant ses mains vers le ciel. Le Pape souffre ! Mon bien-aimé Père, Pie IX... Seigneur, faites triompher votre Eglise ; convertissez ses ennemis ou qu'ils disparaissent. Je ne suis qu'une pauvre et misérable pécheresse, mais je vous demande ce triomphe au nom et par le sang précieux de Jésus-Christ ». Puis, comme si les desseins miséricordieux du Seigneur se fussent révélés à ses yeux, son visage s'illumina tout à coup, et elle reprit d'un accent joyeux : « Le Pape !... notre Père !... Jésus-Christ veille sur son Eglise ».

Après l'Eglise, patrie des âmes, la patrie des corps nous est chère, et, si elle oublie Dieu, nos cœurs en sont navrés. L'avant-veille de sa mort, Pauline s'écria en pleurant et levant ses bras vers le ciel : « Ah ! Seigneur, sauvez la France ! sauvez la ville de Marie ! Des âmes ! ô mon Dieu, donnez-moi des âmes ; j'ai soif de leur salut ».

Le 7 janvier, après la période de recueillement qui avait suivi sa communion, elle resta quelque temps dans une immobilité extatique, les yeux fixés sur quelque chose que nul autre ne voyait. Elle tendait les mains vers cet objet mystérieux comme pour le saisir, et un sourire de bonheur entr'ouvrait ses lèvres. Vingt minutes se passèrent dans ce ravissement ; puis, revenant à elle et au sentiment de ses souffrances, elle murmura tout bas : « O Paradis, que tu es beau ! Bonheur sans fin ! lumière divine ! ô amour immense et incompréhensible de mon Dieu ! »

Dans la nuit du 7 au 8 janvier, elle communia encore en viatique. « Demeurez avec moi, mon Bien-Aimé, disait-elle ; merci pour toutes vos bontés ; que tous les saints vous en remercient éternellement pour moi ». Le jour qui se levait devait être le dernier. La fièvre devenait si intense que le corps de Pauline était comme un brasier. Vers midi cependant elle chanta encore un de ces airs qui, tant de fois, avaient ravi ses filles ; et quand la force lui manquait, on voyait ses lèvres formuler les paroles du *Pater*, de l'*Ave*, du *Gloria Patri*. Le soir, après avoir fait longtemps d'inutiles efforts pour parler, elle prononça enfin distinctement ces mots : « Pardonnez à vos enfants comme nous pardonnons à ceux qui nous ont offensés ». Puis elle retomba haletante sur sa couche : l'agonie commençait. Elle fut longue et terrible. La plaie de la poitrine était épouvantable ; la malade étouffait ; le sang affluait au cœur et à la bouche. L'aumônier ne s'éloigna pas, car il comprenait que l'esprit était aussi torturé que le corps. Il resta toute la nuit pour soutenir la mourante de ses prières ; il avait fait allumer et placer au pied de son lit un cierge rapporté jadis du véritable Lorette par Pauline elle-même.

Pauline tenait presque toujours ses bras en croix ou levés vers le ciel. A six heures du matin seulement, le calme se fit. Elle tendit les mains avec joie comme si quelqu'un fût venu à elle. « Ma vie, dit-elle !... oui !... oui !... *Fiat !...* » Quelques instants après, se soulevant sur sa couche, elle articula distinctement ces mots : « Marie, ma mère, je suis toute à vous ! » Ce furent ses dernières paroles. Elle inclina doucement la tête et rendit à Dieu sa belle âme ; c'était le 9 janvier 1862 ; elle avait soixante-trois ans.

Ses filles désolées la revêtirent de son modeste costume noir et la recouvrirent d'un drap blanc. Puis, quand elle fut déposée dans un cercueil découvert, on la porta à la chapelle devant la table de communion, à la place où elle avait passé tant de jours et tant de nuits dans la prière et dans les larmes.

Le samedi 12 janvier, un convoi sortait de Lorette, semblable à ceux de tous les indigents. Le drap des pauvres recouvrait le cercueil ; un seul prêtre l'escortait. Ce prêtre emmenait à sa dernière demeure celle que de nombreux évêques avaient bénie, que Mgr Retord et Mgr Verroles, ces anges des missions d'Orient appelaient la mère des apôtres ; celle qui avait eu pour amis et protecteurs deux illustres cardinaux pleins de vénération pour elle ; celle que Grégoire XVI et Pie IX avaient accueillie comme la bienfaitrice de l'univers catholique ; celle que Léon XIII a appelée dans un bref « cette humble vierge dont la mémoire est à plus d'un titre en bénédiction dans l'Eglise ».

Un grand nombre de religieux, de religieuses et d'ouvrières l'accompagnaient. Ses trois fidèles compagnes : Maria Dubouis, Marie Melquion, Sophie

Germain tenaient les glands du drap avec Mlle Gilot, nièce de M. Démora, un de ceux qui l'avaient aidée à former les premières dizaines de la Propagation de la foi. Lorsque, après avoir traversé la terrasse, on se trouva devant la chapelle de Sainte-Philomène, on eut la délicate pensée de s'arrêter un instant dans ce cher sanctuaire élevé par Pauline à la vierge martyre, et on y chanta le *Salve Regina*. Le convoi prit ensuite le chemin de St-Just où une messe fut dite en l'église paroissiale, et les restes mortels de Pauline furent déposés à Loyasse dans le tombeau de sa famille.

CHAPITRE XIX

TÉMOIGNAGES — LES SURVIVANTES — LE CŒUR DE PAULINE

Après la mort de Pauline, Marie Melquion fut envoyée à Rome pour demander à Pie IX qu'il daigne nommer le cardinal de Villecourt protecteur du Rosaire vivant en remplacement du cardinal Recanati, qui venait de mourir, et pour raconter aux augustes protecteurs de Pauline ce qu'elle avait été dans ses derniers moments. Le souverain Pontife fit droit à la requête de la pieuse fille, et il ajouta : « Mlle Jaricot avait perdu toute sa fortune..., ces choses de la terre ne sont rien... Cette belle âme est avec Dieu ».

Sur le récit que lui faisait Marie des impressions ressenties par elle et ses compagnes, le cardinal de Villecourt lui dit : « Un jour je me suis senti pressé d'invoquer Pauline-Marie, et je lui ai dit : Ma chère fille, voilà bien longtemps que je parle de vous au bon Dieu ; à votre tour donnez-moi de vos nouvelles.

Je vous crois en paradis ; mais faites-moi connaître votre délivrance en guérissant ma surdité, qui fatigue les personnes auxquelles je fais répéter leurs paroles ». Et le cardinal affirmait que, depuis ce moment-là, il entendait beaucoup mieux.

Une autre fois, dans une lettre écrite pour réhabiliter la mémoire de Pauline, après avoir exposé comment on avait substitué d'autres noms à la place du sien, après avoir énuméré les tortures diverses qu'elle avait endurées, il conclut ainsi : « Pour dire maintenant ce que je pense sur cette affaire, je serais porté à croire que le ciel n'a fait passer la fidèle servante de Dieu par cette grande tribulation, que pour l'en récompenser ensuite par une couronne de gloire qui ne différera guère de la palme du martyre. Peut-être obtiendra-t-elle dans le ciel la conversion de plusieurs de ceux qui ont été ses oppresseurs, j'allais presque dire ses meurtriers, car ils lui ont fait subir une longue mort... En essayant de faire tomber les préventions élevées contre elle, j'ai écouté la voix de ma conscience. Si je n'ai pas réussi auprès des hommes les plus estimables, j'espère avoir travaillé selon les vues de Dieu, et j'espère avoir dans le ciel pour protectrice puissante cette âme dont j'ai tenté d'adoucir sur la terre les grandes amertumes ».

Clément, Cardinal Villecourt.

Quand Monseigneur Caverot est venu s'asseoir sur le premier siège des Gaules, lui aussi a donné de Pauline un éclatant témoignage. Après avoir salué cette noble Eglise de Lyon, empourprée dès les premiers temps par le sang des martyrs, honorée par deux conciles œcuméniques dans le XIIIe siècle, il ajouta : « O Eglise, fille des apôtres, tu as vu naître dans ton sein toujours fécond l'œuvre apostolique des temps présents, et si, aujourd'hui, grâce au sou hebdomadaire de la Propagation de la foi, nous voyons s'étendre les pacifiques conquêtes des missionnaires, et des chrétientés nouvelles surgir aux confins du monde, nul ne peut oublier que cette œuvre sublime a été conçue par une de tes filles, priant au pied de tes autels. » (1)

Les filles de Pauline demeurèrent encore trois ans dans leur solitude, vivant au jour le jour. La propriété de Lorette était ardemment convoitée mais habilement dépréciée par ceux qui ne voulaient pas la payer à sa valeur. Enfin elle fut acquise en 1863 par la commission de Fourvière. Aujourd'hui la maison est occupée par les religieux Franciscains; le clos, de même que le passage du Rosaire auquel il se réunit, sert de voie abrégée pour aller à Fourvière; la chapelle ou reposent les reliques de sainte Philomène est toujours ouverte au public.

Marie Melquion suivit bientôt sa bonne maîtresse dans la tombe. Après la vente de Lorette, Maria Dubouis et Sophie Germain quittèrent ces lieux qui gardaient tant de chers souvenirs; elles allèrent habiter un modeste logement au pied de la colline. Elles emportaient ce qu'elles avaient pu sauver de la correspondance ou des notes intimes de Pauline; c'est là que Mlle Maurin vint chercher les documents dont elle forma l'histoire de sa sainte amie. Dépositaires fidèles de ce trésor, les pieuses filles en gardaient aussi un autre. Après avoir recueilli le dernier soupir de sa vénérable mère, Maria avait prié humblement le docteur Talon qui avait parfois visité Pauline à titre d'ami, d'extraire son cœur et de l'embaumer, afin de préserver de la corruption cet organe qui avait été un vrai vase d'amour. « Je n'ai rien pour le moment, avait-elle dit, mais je vous promets de gagner par mon travail de quoi couvrir les dépenses que vous serez obligé de faire pour cela. » Elle tint parole en effet. Le docteur Talon avait donc embaumé ce cœur

(1) Premiere lettre pastorale de Son Eminence Mgr Caverot, archevêque de Lyon, aux fidèles de son diocèse.

dont la dimension lui parut extraordinaire, et il mit dans trois petites fioles le sang qui y était contenu. C'est de ce cœur que Maria et Sophie s'étaient faites les gardiennes comme d'une relique précieuse.

Quand mourut la dernière compagne de Pauline, les Pères Dominicains, fidèles à la mémoire de celle qui leur avait donné le Rosaire vivant, s'inquiétèrent de ce que deviendrait l'organe conservé. Ils proposèrent à la paroisse Saint Polycarpe d'en prendre la garde. L'ancien curé de cette paroisse, M. Gourdiat, ami de la famille Jaricot, avait aidé Pauline à former lss premières dizaines de la Propagation de la foi ; c'était parmi les ouvrières dévideuses et ourdisseuses de ce quartier qu'elle avait trouvé ses premières, ses plus dévouées associées ; il y avait quelque raison de s'adresser là. Depuis quelques années en effet, le cœur de Pauline est scellé dans le mur de l'église. Une plaque de marbre qui en marque la place porte cette inscription :

Cor Paulinæ Mariæ Jaricot — *MDCCXCIX* — *MDCCCLXII.*
Cujus memoria non uno nomine in benedictione est in Ecclesia.

Excogitata enim ab ipsa et ordinata fuit amplissima illa stipis collectio, quæ ex hebdomadali coalescens fidelium obolo, et sacrorum omnium antistitum sanctæque hujus sedis cumulata laudibus, in tantam excrevit opem catholicarum missionum appellatione insignata *operis propagationis fidei.*

Debetur etiam illi quod per quindecim Rosarii decades in quindecim sodales dispertitas..., mirifice propagaverit et veluti continuam fecerit invocationem Deiparæ...

Leo P. P. XIII
Brev. XIII Jun. MDCCCLXXXI

Au-dessous, on lit en français sur une seconde plaque :

Ici repose le cœur de Pauline-Marie Jaricot, fondatrice des œuvres de la Propagation de la foi et du Rosaire vivant, et martyre de sa charité pour la classe laborieuse.

Elle forma les premières dizaines de la Propagation de la foi parmi les ouvrières de St-Polycarpe, sous la direction du vénérable M. Gourdiat, curé de cette paroisse, et défenseur énergique de l'œuvre de sa fondatrice.

A Loyasse, sur la tombe de la famille, le fils aîné de Paul Jaricot a fait élever à la mémoire de sa tante un monument qui porte sculptée une guirlande de roses en forme de Rosaire ; on y lit cette inscription :

Ici repose Pauline-Marie Jaricot
fondatrice de la Propagation de la foi et du Rosaire vivant.

Et maintenant si quelqu'un, séduit par la beauté de la figure que nous n'avons pu qu'esquisser dans ces quelques pages, désirait la mieux connaître, qu'il lise les ouvrages de Mlle Maurin où de plus grands détails sont donnés, où sont cités de plus longs fragments des écrits.

Y avait-il urgence, diront peut-être quelques-uns, de tirer cette mémoire de l'oubli où certains voulaient l'ensevelir, de détruire les légendes qui ont substitué à son nom comme fondatrice de la Propagation de la foi la vague désignation « d'une pieuse ouvrière, d'une humble servante », le nom de M. Inglesi, l'envoyé de Mgr Dubourg, ou d'autres membres du Conseil de cette époque? Certainement Pauline Jaricot n'a nul besoin d'un titre quelconque, mais ceux qui n'y eurent jamais droit en ont-ils plus besoin qu'elle ? Il peut être bon parfois d'élever la voix en faveur de la justice ; il était à propos qu'un enfant de Lyon dédiât ce monument de reconnaissance à celle que si longtemps Lyon a vue souffrir. Et, à supposer que ce ne soit pas notre affaire de rétablir la justice autour de nous ; à supposer que, pleins de foi et de confiance en Dieu, nous laissions arriver l'heure où il éclairera les uns et glorifiera les autres, il est un résultat que nous pouvons atteindre, il est un fruit à tirer de cette vie, c'est la consolation et l'encouragement pour bien des cœurs meurtris. Devant cette âme qui n'a voulu et cherché que le bien ; qui, après avoir connu les douceurs de l'opulence, est morte dans l'abandon et dans le dénuement, si quelque âme désolée refoule ses plaintes et se dit : Oui ! Dieu éprouve ses élus ; oui ! la croix est la marque de fabrique de toute chose grande et le talisman des amis de Jésus ; moi aussi je l'accepte ; Dieu a voulu Pauline Jaricot sur la croix ; peut-être m'y veut-il aussi ! Si quelqu'un dit cela, notre peine ne sera point perdue, et la servante de Dieu dont nous avons rappelé la mémoire aura fait une conquête de plus.

Le sort matériel des ouvriers préoccupe aujourd'hui les esprits ; leur moralisation est le souci constant de tous les hommes de bien, car ceux-là savent que l'élévation des salaires avec la diminution de la moralité est une véritable plaie. Pour être heureux, l'ouvrier doit être chrétien ; il doit savoir que la terre n'est pas tout, et qu'une autre patrie nous attend. Que ceux qui consacrent leurs efforts à l'amélioration de la classe ouvrière recourent à l'intercession de celle qui avait vu clair dans les questions de notre siècle ; du haut du ciel elle inspirera leurs démarches, et attirera sur leurs travaux les célestes bénédictions.

TABLE DES MATIERES

		Pages
Introduction		5
Chapitre I.	La famille Jaricot	7
— II.	Luttes et périls	15
— III.	Toute à Dieu	21
— IV.	Le sou par semaine	31
— V.	Vie intérieure. — Le Rosaire vivant	38
— VI.	Deuils successifs. — Toujours l'épreuve — Apostolat du Rosaire vivant	44
— VII.	Les journées de Juillet. — Nazareth. — L'insurrection de 1831	50
— VIII.	Lorette	58
— IX.	Quatre jours d'agonie dans le souterrain de Lorette	64
— X.	Pauline Jaricot et sainte Philomène	75
— XI.	Maria Dubouis. — La sentinelle de la sainte colline	82
— XII.	La colonie ouvrière	87
— XIII.	Pauline se fait mendiante	97
— XIV.	Quêtes dans le Centre et le Nord de l'Europe	105
— XV.	Voyage dans l'Ouest de la France — Retour à Lyon. — La rampe de Fourvière	111
— XVI.	Le martyre du cœur	119
— XVII.	A Rome et à Paris	130
— XVIII.	Le sommet du Calvaire	138
— XVIII.	Témoignages. — Les survivantes. — Le cœur de Pauline	149

Lyon. — Imp. Emmanuel VITTE, 18, rue de la Quarantaine.

DESACIDIFIE
A SABLÉ - 2009

www.ingramcontent.com/pod-product-compliance
Ingram Content Group UK Ltd.
Pitfield, Milton Keynes, MK11 3LW, UK
UKHW022231230426
12048UKWH00016BA/1198